Children's | One Hundred Play

孩子的
游戏百态

黄丽萍
编著

图解幼儿园自主性游戏指导的进与退

华东师范大学出版社
·上海·

序言

游戏，是对孩子最美好的承诺

在自然和人类社会里，万事万物无不以百态呈现。

如百花有百姿，或美、奇，或清、艳；百兽亦有百态，或憨萌，或跳脱。

再如，百花齐放、百家争鸣也造就了人类文化、精神的丰年，于是便思想传世、大师涌现。

这万事万物的百态成就了大千世界的风姿绰约，每一种生命都呈现出独特的价值，这种丰富与精彩，激励着我们不断向未知世界积极求索。

于是我们知道，儿童以及儿童本体的游戏，亦应是百态的。

游戏有百态

自主性游戏，作为儿童自主自发的活动，顺应的是儿童的内心需求，表现的是他们已知的生活、想象的世界。在游戏中，儿童以游戏为"武器"，尝试着与周遭环境进行互动、交换、抗争、和解。他们可以无比"强大"，也可以超级"幼稚"，可以自定规则，也可以挑战"权威"，因为游戏是"玩"，是"假假的"。

于是，在游戏中我们经常看到：

机灵的君君要扮演娃娃家里的一条"狗"，这将是一条有着怎样有趣灵魂的"狗"啊；

红花、黄花、白花都要做"巨型花"，庇护红的、黄的、白的那所有颜色的"蝴蝶"，轻易解开了经典故事《三只蝴蝶》中绕不开的难题；

老师是小医院里唯一的"病人"，三四名"小医生"此起彼伏地给"病人""扎针"，乐此不疲，心疼"病人"三秒；

美容院里传来吆喝声："理发不要钱，还送一朵花"，令我们深深羡慕生活中不可企及的"乌托邦"……

游戏的本源价值是愉悦和快乐,追求"愉悦"是孩子们钟爱游戏的理由,也成为他们在游戏中获得发展的不竭动力。当孩子置身于自由、自主的游戏环境中,便会积极调动经验、大胆尝试、不惧挫折、主动妥协,游戏就会呈现"百态",生命从而变得更丰富和强大。

因此,只有当我们成人蹲下身子,放下身段,把游戏真正地还给孩子,才能见识到那一道风景,领略到丰富和有趣,从而慨叹"在游戏中有无限可能""游戏使孩子更智慧"。

以图解一二

随着对游戏多元价值的把握,教师们大多认同"保障幼儿游戏的权利"的观点,愿意与孩子们一起游戏,成为他们的游戏玩伴。责任心和使命感越强的教师越会频繁地介入孩子们的游戏中,这也使得她们时常遭遇尴尬:

娃娃家"着火"了;

小超市里又"抓"到了"小偷";

自己想帮孩子出主意,教他们怎么玩,他们却说"不用,我们能行";

孩子耿直地说出"老师,请你明天不要来了"……

教师因此有了深深的纠结和困惑:孩子究竟需要什么?什么年龄的孩子最需要教师的陪伴游戏?由此,教师也时常陷入一条条终极拷问:要不要教?要不要介入?要不要指导?游戏的观察和指导成为教师们共同的难题。

在本书中,我们精心选择了幼儿园小、中、大班三个年龄段涉及角色游戏、表演游戏的典型案例30则,截取了游戏过程中我们认为有价值的多个瞬间,"全图式"真实再现孩子们的游戏现场,仅以三言两语点缀其中,对图片作旁白提示,试图让读者浸入其中,有身临其境之感。

整个案例部分像一本活泼的连环画,以直观生动的方式来表现孩子们的游戏,形式与内容更为匹配,相信教师们都能读懂每一个故事,为故事中似曾相识的场景和细节会心一笑。

同时,以"图"来解说游戏,让读者开卷便浸润其中,避免了繁琐、无趣的细节描绘，让阅读更加轻松、愉悦。若读者对某个案例产生共鸣，便可择页复读、停下思考，深究幼儿行为背后的意义和教师的应对策略，这契合了当下"读图时代"年轻人的喜好。

编制多留白

　　游戏是属于孩子的，有着如此丰富的百态，教师对游戏的解读与指导不存在"放之四海皆准"的范本与标准答案，如同一百位观众心里有一百个"哈姆雷特"，不同教师对同一案例的解读有着不同的视角和心得。

　　因此，我们并没有平铺直叙、完整叙述，也不希望代替读者去答题和思考，而是在每则案例中设计了两处"留白"，容纳和鼓励读者的天马行空、积极思索，希望读者与我们一起探究出更佳的应对方法和策略。

　　第一处"留白"是在故事的矛盾高潮处戛然而止，以"这时，你会怎么做"等提问让阅读过程陡然停顿，由此引起读者的重视，引发片刻思考。

第二处留白是在案例结尾处，我们设计了"感悟与反思"环节，邀请教师写下对案例中的幼儿游戏行为以及指导行为的解读与思考。但请注意，这绝不是唯一的、标准的答案。

　　"感悟与反思"不仅针对案例中的教师，更针对正在阅读此案例的教师们，在"写下你的想法"环节，读者既可以设计自己的不同应对方法，也可以对案例中教师的指导行为及其解读提出意见，当然更可以是全新观点的独特表现。如此，读者在这里不仅是案例的阅读者，更是参与者、同行者，希望教师们能在这里留下即时感慨，亦或深思熟虑，将一本"别人的"案例书变为"自己的"思考宝藏。

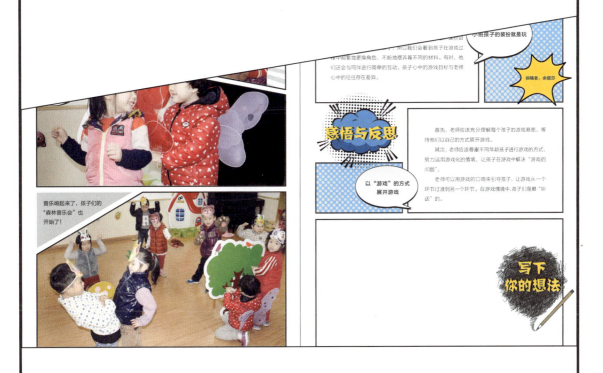

　　游戏有百态，这源于孩子们丰富的生活经验和旺盛的创造力，也是幼儿园坚持游戏精神的真实写照，我们愿与读者同行，不断求索。

　　保障幼儿游戏的权力，支持幼儿自主地学习，这是教育者对幼儿发展最坚定的担当，也是最美好的承诺。

黄丽萍

2018 年初秋

推荐语

华爱华 华东师范大学教授

角色游戏和表演游戏是幼儿期最典型的游戏类型，它具有很强的情绪宣泄和情感补偿的作用，幼儿的想象力、创造力、表征能力和叙事能力也正是通过这类游戏发展起来的。

黄丽萍园长主编的《孩子的游戏百态》以大量生动的案例，呈现了虹口区第三中心幼儿园在组织开展这类游戏方面的丰富经验，既反映了教师在支持幼儿自主游戏过程中的引导智慧，也表现了幼儿游戏行为所反映的学习与发展。

案例具有很强的启发性和借鉴性，值得一读。

施 燕 华东师范大学教授

游戏永远是孩子最喜爱的活动，孩子在游戏中得以学习与发展。然而游戏，特别是自主性游戏也永远是幼儿园教师面对的难题：如何把游戏的权利还给幼儿，让幼儿自由、自主、自觉地开展游戏？教师在幼儿游戏中是"引导"抑或是"指导"？太多的问题和疑惑在我们的头脑中盘旋，随之带来的是行为上的不到位、越位或者错位。

翻开这本书，跟随作者的思路，走进幼儿园自主游戏的现场，可以找到上述问题的答案。

徐则民 上海市教委教研室幼特教部主任

几年里，不止一次到过虹口区第三中心幼儿园，也亲眼目睹了孩子们在幼儿园的游戏时光。

最让我欣喜的是这里的老师——他们由衷地相信"孩子是天生的大玩家"；他们不会

过多地纠结"该让孩子玩什么";他们更多地在观察"孩子到底喜欢玩什么";他们由衷地接纳游戏中出现的各种"不确定"。

事实上，当教师能够"直面游戏中众多的不确定"，并且在人多、人少、高潮、低谷、积极、消极、友爱、争执、成功、失败、模仿、创新……中发现有助于幼儿学习与发展的内容，并推动幼儿获得更丰富的经验时，教师的专业能力才得以充分体现！

马振敏　　虹口区教育局小幼教科长

幼儿园以游戏为主要活动方式，支持幼儿的快乐学习、自主发展。

虹口区第三中心幼儿园长期坚持对幼儿自主性游戏开展研究与实践，是虹口区教研项目研究与师训的一个基地。

这本书的完成与出版，可以为更多教师提供直观的学习范例，引导教师关注游戏、关注幼儿。

希望有更多的一线教师看到这本书，喜欢这本书！

崔　岚　　特级教师、教研员

认识黄丽萍二十多年了，当她五年前调往虹口区第三中心幼儿园任园长时，真是觉得太适合她了。该园游戏课程由来已久，而她又是个内心浪漫、敬畏儿童游戏的人。

至今日翻阅此书稿时，生动的游戏情景，有趣的游戏情节，充满爱与专业的支持、解读与判断，让我再次体会到，五年来她与老师们陪伴孩子一起共享游戏的心路历程。

我把这本漫画版风格的游戏专著，给了一位93后的高中班主任阅读，她说："游戏好美，幼儿园老师好有爱。"

许　批　　教研员

《孩子的游戏百态》采撷了一幅幅关于儿童游戏的多彩画卷，以全新的视角、诙谐的基调探讨游戏的卓越价值。

一幅幅连环画般的生动案例，既可以作为一个个相对独立的故事来阅读，彼此之间在内容上又可以构成相互联系的完整体系。

通过阅读这些案例，我们既可以了解书中教师们对于游戏作为幼儿独特的学习方式，以及学前教育以儿童为中心、以游戏为基础的专业认同；也可以通过这些案例了解如何以自主性游戏指导中的"进与退"，来促进幼儿在各领域中的学习与发展。

游戏百态，悦读越有趣！

王熙珍 正高级教师

《孩子的游戏百态》一书，每一则案例都努力解读着孩子看似"幼稚"、"不合理"行为背后的"成长"意义，让读者似乎有了另一双眼睛，多了个角度看游戏。跟着孩子、陪着孩子、引着孩子，在"假假的"游戏中"真真地"玩，让教师成为受孩子欢迎的游戏玩伴。

本书犹如一杯清爽的水果茶，能安抚焦虑和不安，鼓励我们做一名热爱游戏的教师，让职业生涯更轻松快乐。

李建君 特级园长

游戏，是幼儿园教师爱并痛的问题，怎样看待儿童的游戏？什么是儿童的真游戏？《孩子的游戏百态》中的"百态"一词，给出了许多释义。

认同孩子游戏的"百态"，无疑就是认同孩子漫无边际的想像，认同孩子的"不合情理"，认同每一个孩子独特的心理和个体最真实的反映。

孩子游戏出现"百态"，才是他们的真游戏，才是每一个稚嫩的生命向未知世界的求索，并孕育着他们丰富精彩的无限可能。

游戏是孩子生命的特征和权利，游戏的本质是让孩子快乐并在快乐中不自觉地进步，因而理所应当地呈现"百态"。这是一种事物特征，也是指导理念……

秦若子　示范幼儿园园长

　　游戏的价值不仅在于其符合幼儿生理、心理发展的需要，也在于符合幼儿认识外部世界，并学习如何与之接触的需要。这种需要由幼儿自主的精神和意识所驱使，以自由的方式展开，以模仿生动真实的生活为内容。因此，"游戏是儿童最正当的工作"。

　　为了确定幼儿的主体地位、成全其在游戏中的成长，我们需要观察幼儿真实的意愿和实际的经验；需要用多种方式帮助他们实现自己的意愿；需要支持他们用语言等方式表达表现自己的体验；需要鼓励他们交流彼此获得的游戏经验……这也是一个成就师幼双方的过程。

　　很高兴虹口区第三中心幼儿园在继续这项有意义的实践。

瞿　菁　示范幼儿园园长

　　游戏与学习，本质殊途同归，但却让教师在"自由与控制"、"趣味与发展"中难以把握平衡和融合。

　　把游戏还给孩子后，教师应该怎么做？《孩子的游戏百态》传递给我们的不仅仅是解读幼儿游戏的不同视角和途径，更多的是引发教师基于幼儿游戏本质的思考，鼓励教师在实践层面多样"百态"的指导行为。

　　游戏，让教师欢喜，更让教师们孜孜以求……

目 录

I

听孩子话，陪孩子玩 / 43

II

凡真游戏，一人时虽自在，合作时更愉悦。当孩子需要游戏同伴的时候，你能成为那个神奇的存在吗？

游戏真玩时，必定遭遇困境，那是锤炼，是学习，也是风景。听孩子话，引孩子玩，以强大的专业自信做一名受孩子欢迎的高明"玩伴"吧。

听孩子话，引孩子玩

III

游戏心得 / **127**

IV

听孩子话，跟孩子走

先哲言

对教师的启示

谁要能看透孩子的生命，就能看到埋埋在阴影中的世界，看到正在组织中的星云，方在酝酿的宇宙。儿童的生命是无限的，它是一切……。

——［法］罗曼罗兰

论真游戏，主角是孩子，教师理应放下身段，听他们话，跟他们走，才能渐渐贴近鲜活，一窥童真。

表演游戏开始了，孩子们在服饰区忙着选道具装扮自己。

快点打扮好，马上就可以玩了。

哦。

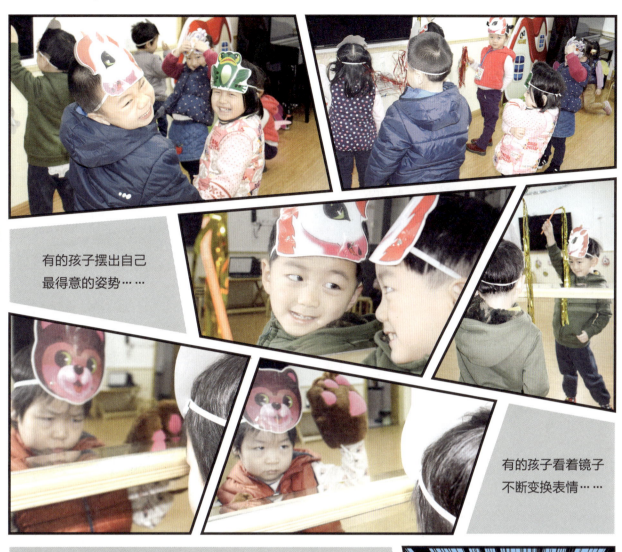

有的孩子摆出自己
最得意的姿势……

有的孩子看着镜子
不断变换表情……

孩子们在服饰区自顾自地玩，没人理睬老师的招呼声。

对老师的好意，孩子们为
什么不领情？他们难道不
想快点开始玩吗？

这时，
你会怎么做？

在老师的眼里，孩子们按照情境正式开始玩才是游戏的开始，而在小班孩子的眼中，摆弄道具、选择角色、装扮自己就已经是游戏的一部分了。所以我们会看到孩子在游戏过程中频繁地更换角色，不断地摆弄着不同的材料。有时，他们还会与同伴进行简单的互动。孩子心中的游戏目标与老师心中的往往存在差异。

小班孩子的装扮就是玩

供稿者：余丽莎

感悟与反思

以"游戏"的方式
展开游戏

首先，老师应该充分理解每个孩子的游戏意愿，等待他们以自己的方式展开游戏。

其次，老师应该尊重不同年龄孩子进行游戏的方式，努力运用游戏化的情境，让孩子在游戏中解决"游戏的问题"。

老师可以用游戏的口吻来引导孩子，让游戏从一个环节过渡到另一个环节。在游戏情境中，孩子们是最"听话"的。

写下
你的想法

案例 2

我是一朵大黄花

孩子们正在表演故事"三只蝴蝶"。

"红蝴蝶"飞到红花那里。

我是一朵大黄花，蝴蝶们都来呀！

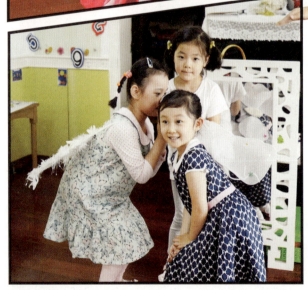

"白蝴蝶"飞到白花那里。

无论红色、白色还是黄色，所有的"蝴蝶"都聚到了黄花那里。

孩子的游戏百态——图解幼儿园自主性游戏指导的进与退

小班下学期的孩子大多自我意识较强，有时会产生交往的意愿，希望有好朋友、有更多的人一起玩，这种意愿在游戏中会自然地流露和体现，而促进和实现这种意愿的最好途径也是游戏。因此，老师可以"你们喜欢哪朵花"来促进这一意愿，鼓励孩子们继续互动，体验不一样的游戏感受。

试想，当故事《三只蝴蝶》演变成两个环节，第一次蝴蝶们分别躲在不同颜色的花儿那里，第二次蝴蝶们共同躲在一朵花儿那里，这样的表演一定更有趣，游戏也更好玩。同时游戏时的情节和语言也得到极大的丰富，经典作品由于孩子们的改编和创造也将更富有趣味和生命力。

> 促进小班下学期孩子的交往意愿

供稿者：涂安琪

感悟与反思

在游戏中，老师及时把握和利用了孩子们的差异化表现，将他们的不均衡发展作为差异性资源，并放大榜样的作用，引导同伴间互相学习、模仿。可以看到，在游戏中孩子们的主动模仿、反复操练是那样地自然，令人愉悦。

> 利用发展差异，发动同伴学习

写下
你的想法

静静在娃娃家里用手指模仿着刷牙的动作。

第二天，静静从家里带来了牙刷、牙膏和洗发水的瓶子、罐子。

大家用这些"真家伙"在娃娃家开心地玩起来。

孩子自带材料玩游戏的做法，要支持推广吗？

这时，你会怎么做？

佳佳、静静，今天你们在娃娃家玩了什么？

我们用牙刷给娃娃刷牙，娃娃的牙齿真干净；我们用洗发水给娃娃洗头，娃娃的头发香喷喷！

我明天要带把梳子来帮娃娃梳头。

第三天，孩子们从家里带来了梳子、饮料罐、洗手液……

孩子们用着新道具，在娃娃家开心地玩起来。

角色游戏是孩子们的自主游戏，是他们原有社会生活经验的再现，他们通过与材料和环境互动表达自己的认识和情感。因此，他们在游戏中表现出来的经验是个体的、自我的。有时候，老师会为孩子们准备一些材料，这符合他们看到材料产生行为的认知特点，而鼓励孩子们自带玩具则进一步满足了他们个体经验和自由游戏的需要。自带玩具让孩子们突破了固定材料的束缚，更主动地参与游戏。一般而言，孩子们带来的都是他们了解、认识、会操作、能掌控的材料，这是他们原有经验的表现，因此，游戏更自主、更开心。

自带玩具真开心

供稿者：杨立群

感悟与反思

鼓励自带玩具，促进创造性活动

在角色游戏中，孩子们是自主、自发地与材料、环境互动的，每个孩子的经验、愿望和需要不尽相同，这种差异性表现能使孩子获得向同伴学习的机会。同时，孩子们从自带简单材料到寻找替代物、创新制作材料，能逐步建立起"一切材料为游戏所用"的观点，这大大促进了他们的创造性思维和行为。因此，老师应敏感地发现、积极地鼓励并有意地推动孩子们"带玩具来玩"。

写下你的想法

警察很忙

在游戏中，不同年龄的孩子会呈现出各自显著的特点，如小班孩子以独自摆弄玩具、与材料互动为主；中班孩子有了较强烈的与人互动的意愿，渴望与同伴一起玩。由于中班上学期的孩子自我意识强，交往过程中缺乏技能，因此，游戏中频频出现各类矛盾，以致"警察很忙"。中班上学期往往是同伴交往矛盾最凸显的阶段，这是孩子社会性发展的正常表现，也是他们在游戏中学习交往合作的良好时机。

频繁出现的矛盾是中班孩子交往的特点

供稿者：樊艳洁

感悟与反思

用"照镜子"帮助孩子去自我中心

中班孩子正从建立自我、"刷存在感"逐步向了解同伴关系、去自我中心的阶段发展。孩子们在互动交往中会出现各种矛盾，由于不断碰壁而产生强烈的内在需求，这正是老师渴求的教育契机。

老师可以用"照镜子"的方法，为孩子们搭建一个交流的平台，引导孩子说说自己的感受，听听别人是怎么想的，通过表达和倾听来理解他人的行为和感受，让孩子逐步摆脱以自我为中心的认知特点，达成社会性情感的发展。

写下你的想法

红红家"着火"啦！

红红家的"妈妈"正在给娃娃找衣服。

我们家着火啦！

红红家的其他人听到后都赶来"救火"。

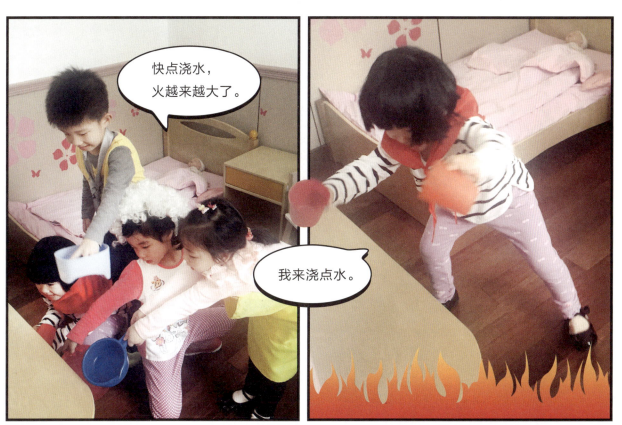

超市营业员看到娃娃家的"火灾"，也立即帮忙打起报警电话。

"着火"是因孩子们在娃娃家的突发奇想而产生的情节，应该也是孩子们很喜欢的游戏，它的突发性、特异性可以为孩子带来丰富的行为和快乐的感受。但老师却容易对此产生担忧：大家会不会玩"疯"了？孩子们都去模仿怎么办？因此，在"着火"的第一时间，老师的指导语往往是：赶快想办法救火；看看怎么会"着火"的；要注意安全……但孩子们笑着呼喊、开心地奔跑，令老师欲言又止，他们这是在玩"着火"。

　　对"着火"这一活动，老师与孩子的态度往往是矛盾的、对立的，老师容易落入尽快消除矛盾、进行消防知识教育的惯常思维。在游戏中，老师不要与孩子对着干，应该避免将游戏的教育价值等同于游戏本身，首先要让孩子们乐在游戏中。

不要和孩子对着干

供稿者：黄丽贤

感悟与反思

不妨玩一玩"着火"

　　孩子们从"救火"中获得了新的体验，新颖的情节、动作、语言以及合作关系带给他们愉悦的情绪。他们用各种方法接水，乐此不疲地往返奔跑，超市营业员还由此产生"材料替代"行为——用其他材料当作翻盖手机使用。

　　当老师毫不犹豫地把"着火"的消息告诉蓝蓝家的成员后，蓝蓝家也"着火"了两次，但火马上被能干的"爸爸"、"妈妈"扑灭了，而超市营业员发明的"翻盖手机"也成为了大家争相模仿使用的电话机款式。

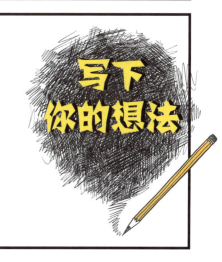

写下你的想法

案例 6

一波三折的"胡子"

游戏时间，女孩子们会自己编排新疆舞的动作。

表演得真好。

太美啦！

她们也会将排好的舞蹈表演给其他孩子观看。

我来！

如果有新疆哥哥就更好了。

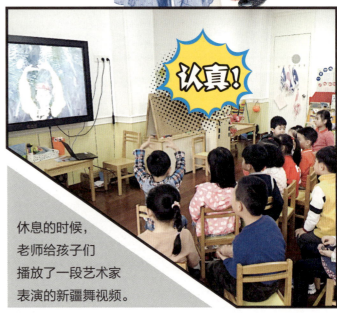

认真！

休息的时候，老师给孩子们播放了一段艺术家表演的新疆舞视频。

新疆哥哥有很帅的胡子，可以自己动手做这种胡子。

瞧我的新疆大胡子，帅不帅？

这个是不是也能用来做胡子呢？

突然，男孩在地上发现一根"仙女"翅膀上掉下的羽毛。

羽毛胡子总是掉下来，怎么办？

孩子们能自己解决困难吗？

? 这时，你会怎么做？

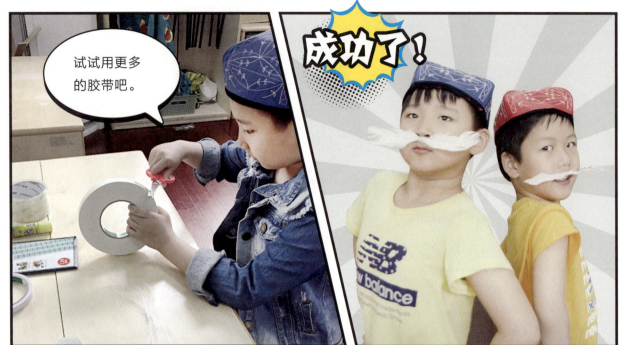

羽毛胡子成为了
男孩们的热门玩具。

新疆舞表演中的
"新疆哥哥"也多了起来。

大班孩子很喜欢游戏后的"演一演"、"评一评"环节，他们渴望听到同伴的赞赏，对同伴的建议特别乐意接受。他们有时会主动要求观众"先说意见再表扬"，而案例中观众的建议如"希望有新疆哥哥表演"、"胡子会掉下来"等，都得到了很好的响应。

孩子在游戏中最乐意接受建议、主动学习

供稿者：奚岚

感悟与反思

提供向艺术榜样、同伴经验学习的机会

小年龄孩子会从摆弄材料、自由动作中获得愉悦，而大年龄孩子能从同伴欣赏、经过努力获得成功中感受愉悦，体验到成长的快乐。因此，在游戏中，老师可以适时向孩子们提供向艺术榜样学习、向同伴学习的机会，以此激发他们更深刻持久的学习兴趣和创造愿望，引导、支持他们互相欣赏、互相评价，不断探索、挑战自己，在游戏中自主、愉悦地学习。

写下你的想法

没有烧烤架？
没关系，孩子们自己会做。

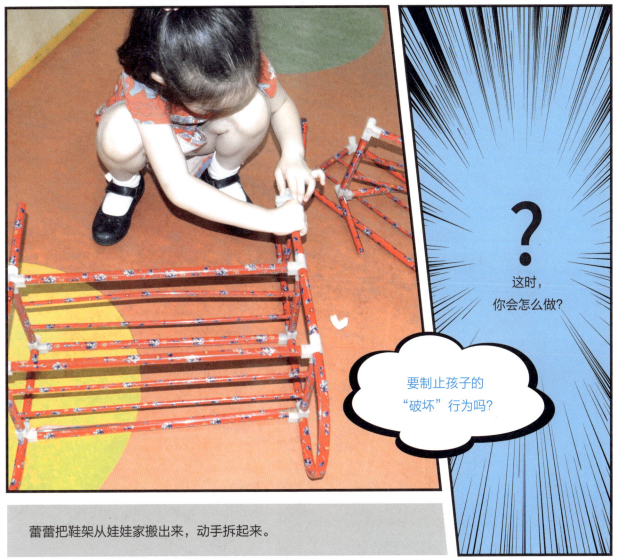

蕾蕾把鞋架从娃娃家搬出来，动手拆起来。

对孩子们在游戏中的天马行空、灵感迸发，老师一直是非常支持和赞赏的，但当他们准备拆娃娃家的鞋架时，老师还是犹豫了。虽然欣赏孩子们用低结构材料制作游戏所需要的玩具，但这样大拆特拆的行为还是令老师担忧。

孩子们全身心地沉浸在游戏的创造及其快乐的体验中，而老师的犹豫不决说明老师终究不如孩子投入，对孩子在游戏中的行为及其感受的理解仍然是不足的。充分信任孩子，支持他们的创造对老师而言是如此的"知易行难"。

信任孩子，支持创造

供稿者：耿蕴

感悟与反思

即使失败，也要勇敢探索

孩子们遇到"烧烤架"太小这一问题时，积极主动地到"百宝箱"里找材料、想办法，说明他们已具有了使用材料、创作材料的经验，那是因为他们在寻常时刻的创造性表现得到了老师的一贯鼓励。最终用娃娃家的鞋架重新组装而成的"烧烤架"非常完美、令人惊叹，也使老师更坚信游戏对于孩子发展的意义，重新认识到他们无穷的创造潜力。

但假如他们不成功，拆了鞋架却做不成"烧烤架"，老师还会赞赏并继续支持他们吗？孩子在游戏中并不惧怕失败，他们在无数次的碰壁、试错中快乐地学习。老师呢，无疑会为他们的创造成果叫好，但会为他们失败的尝试而鼓掌吗？

写下你的想法

令人惊艳的自创魔术

魔术道具放在区角里很久了，孩子们都已经玩过了。

我想自编一个新魔术。

有了

让一张纸站起来，需要魔术师反复练习，否则要露馅儿。

魔术的秘密是在纸上或手上涂一些固体胶，记得要悄悄地涂哦！

当然，还要反复练习哦！

这个自创魔术节目令人惊艳，出人意料的结果加上表演者经过练习而表现出来的娴熟、自信的动作赢得了大家的喝彩，孩子们纷纷表示要"学一招"。有秘密但不露馅儿是魔术的特点，可见孩子们已了解了什么是魔术。这个游戏的简单设计和自然表演透露出孩子独有的童真趣味。

如此综合地运用经验，天马行空地创造一个完整的作品，是孩子一贯的自由摆弄、自主探索、创造性表达的结果。老师应该为孩子提供充分的游戏机会，信任和欣赏孩子，成为他们表演的观众和听众，接受由孩子带来的惊喜。

孩子的创造力是无价的

供稿者：奚岚

感悟与反思

每个孩子都是
发明家

自主性游戏为孩子提供了想象与创造的最好机会，在追求愉悦、快乐这一动力的推动下，每个孩子都可以成为"发明家"、"工程师"、"艺术家"，而这个过程培养了孩子勇于试错、不怕困难、主动调整、认真专注的良好品质。

写下
你的想法

案例 9

当孩子争抢材料时

滑板组的几个孩子在争抢音乐播放器。

这是我的!

给我!

我要玩!

君君抢到了音乐播放器,其他孩子都不跟他玩了。

我们自己玩,不理他。

君君被小组成员孤立了,有点难过。

君君哭了起来。

要介入吗?要不要引导其他孩子重新接纳君君?

?

这时,你会怎么做?

在游戏后的交流分享环节，君君举手了。老师想，君君肯定会说出今天不开心的事情，可是……

滑板组很棒，虽然没有音乐但也玩得很好。

君君却表扬了滑板组的小朋友。

老师接着询问
滑板组的所有成员……

孩子们又和好如初了。

孩子在游戏中会遭遇各种问题，如怎样分配角色、有分歧听谁的、谁来操作玩具器械等，这些矛盾给了孩子完整地体验和直面问题、解决问题的机会。误会、纠结、不理不睬，都是游戏的一部分，也是孩子成长中要经历的，矛盾的产生更好地体现了游戏的价值，老师不必过于担忧。

我们看到君君从生气、不高兴到开始关注同伴，最后积极评价同伴，在游戏中学会妥协，学会主动调整自己，而同伴也学会了接纳和协商。因此，如果面对的是大年龄孩子，老师不妨等待，相信他们在游戏目标的激励下会找到解决问题的方法。就在游戏中产生的矛盾而言，应该鼓励孩子自己在游戏中解决。

> 矛盾体现了游戏的意义，是孩子成长的契机

供稿者：谢芬

感悟与反思

> 老师指导的"金句"

孩子遇到矛盾和困难时，有时会需要老师的帮助，但老师不应该代替他们想办法，也不应简单判断是非对错。老师如能以继续游戏为目标，以让孩子愉悦为动力，一定能收到更好的效果。从这个角度来说，也许诸如"你还能继续玩吗"、"你们还能在一起玩吗"是游戏中老师介入指导的"金句"，对激发和推动孩子的游戏兴趣、提高他们的游戏水平很有助益。

写下你的想法

案例 10

老师，请你不要来

女孩们在跳舞，老师不请自入。

老师第二次加入舞蹈小组，但跳的过程中却总是离开。

老师主动走进游戏，满怀热忱地想成为孩子的玩伴，并制造问题情境试图积极推进孩子的游戏，但却没有得到孩子的欢迎。由于"不会跳"、"常离开"、"跳得太好"，老师成为了"不一般"的玩伴，不被孩子待见。有时成人常带有强烈的"发展"意识，主观臆断孩子的需要，而这可能恰恰影响到了孩子"自己"的"游戏感"，不经意间打断了他们自主、流畅的游戏体验。可见，对游戏介入的"时机"和"火候"的把握，对老师而言仍然是难点。

我想成为孩子的玩伴

供稿者：周柱君

感悟与反思

"拒绝"使师生
获得双赢

案例中孩子们三次提出"老师，请你下次不要来了"，充分表达了他们游戏中的自主意识和自我评价水平，而老师"回家好好练"、"保证不离开"、"在一旁欣赏"的表现则反映出老师在游戏中的自省和反思。因此，从这个角度来看，孩子们的"拒绝"让老师的介入变成了真实的问题情境，师生在"对手"般的"拉锯"互动中共同成长。

写下
你的想法

听孩子话，陪孩子玩

人的内心里有一种根深蒂固的需要——总想感到自己是发现者、研究者、探寻者。在儿童的精神世界中，这种需求特别强烈。但如果不向这种需求提供养料，即不积极接触事实和现象，缺乏认识的乐趣，这种需求就会逐渐消失，求知兴趣也与之一道熄灭。

凡真游戏，一人时虽自在，合作时更愉悦。当孩子需要游戏同伴的时候，你能成为那个神奇的存在吗？

——［苏］苏霍姆林斯基

在地上爬的"蛇"

游戏时间,小帅突然在地上爬。

嘶~
嘶~
嘶~

其他孩子都学起样来。

真好玩。

颖颖也跟着爬了起来。

孩子们玩得真"嗨"!

要制止孩子吗,还是任由他们这样玩?

？

这时,你会怎么做?

老师搜集了各种蛇的图片，
播放给孩子们看。

在游戏中，老师看到孩子的某些行为总免不了担忧，如争抢玩具、从椅子上跳下来、在地上爬。老师会不由自主地产生立即制止的念头，担心扩大负面影响，怕其他孩子学样，导致场面失控，所以孩子的许多"出花头"的表现并不被老师所认可。

在本案例中，老师以"你是怎样的蛇"表达了自己对孩子行为的肯定，并启发他们创造、表现不同的"蛇"。当发现孩子缺乏相关经验时，老师适时地提供了新的信息，帮助孩子们从更多途径学习，丰富自己的经验，以便更好地表达。

接纳那些看似"不合适"的行为

供稿者：周莉

感悟与反思

老师究竟要有怎样强大的内心才能包容孩子的那些看似"不合适"的行为？这源于老师的专业自信，需要老师真正理解孩子的游戏特点，保护他们在游戏中可贵的探索、试错和创造，包容他们看似不合理、不合适的行为，倾听、了解孩子的想法，帮助他们玩得更好。

先听孩子话，再陪着孩子玩，才能让孩子们玩得更开心。

听孩子话，陪孩子玩。

写下你的想法

案例 12

没有客人
怎么办？

角色游戏开始了，可是客人却还没来。

没有客人来呀！

先做好准备工作，客人马上就要来了。

我先把菜炒好。

餐厅的厨师
开始做饭。

我先把镜子
擦干净。

我先给自己吹
个新发型。

美美发屋
开始了大扫除。

发型师把工具
准备到位。

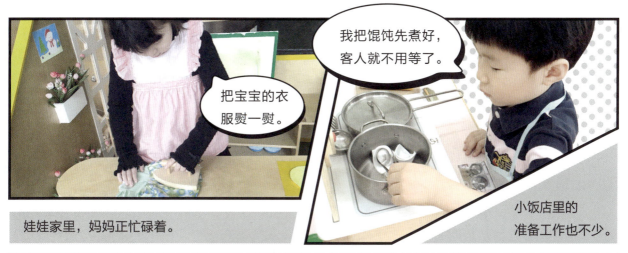

把宝宝的衣服熨一熨。

我把馄饨先煮好，客人就不用等了。

娃娃家里，妈妈正忙碌着。

小饭店里的准备工作也不少。

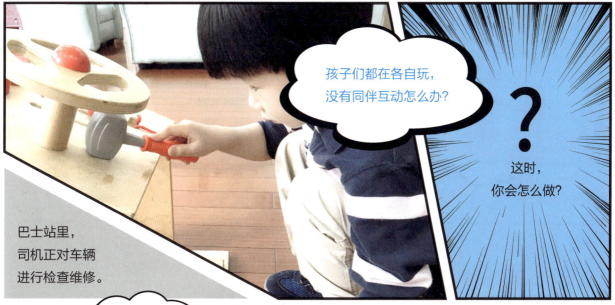

孩子们都在各自玩，没有同伴互动怎么办？

？

这时，你会怎么做？

巴士站里，司机正对车辆进行检查维修。

今天，超市里的蔬菜买一送一啦！

老师到超市当起了服务员，客人们排起了长队。

老师送了一盘蛋糕去娃娃家，介绍说这是小饭店厨师做的芝士蛋糕，送给爸爸过生日。

晚上我们到小饭店去吃饭庆祝吧!

娃娃好像生病了!

老师提示娃娃家的妈妈:

医生，我的宝宝发烧了。

我来检查一下。

打一针就会好啦!

真的发烧了。

在游戏中鼓励孩子充分地摆弄材料、使用材料，能有效地提升孩子对游戏的参与兴趣和游戏水平。在角色游戏中，获得充分的游戏机会能促使孩子建立自我意识，继而产生与同伴交往互动的愿望。

当孩子产生互动意愿时，老师应该给予关注，抓住这一契机，帮助、支持他们寻找可以一起游戏的同伴，尝试与同伴共同游戏。

给予孩子充分的游戏时间

供稿者：李鹏雯

感悟与反思

激励孩子交往常用的"三招"

孩子通常在小班下学期、中班上学期产生与同伴交往的意愿，面对孩子在角色游戏时想一起玩又不知如何开始的情况，老师可以使用这些方法：

提示孩子先做"准备"，想象"客人来了"，做好与他人互动的准备；

在孩子间、主题间"搭桥"，推动孩子加入到互动中来；

扮演各种游戏角色吸引孩子进行互动，为孩子提供"示范"。

写下你的想法

我不知道该做什么。

娃娃家里的爸爸、妈妈正自顾自地玩。

小饭店的客人
无聊地摆弄着餐具。

孩子们玩的情节不丰富，
该不该介入？

？

这时，
你会怎么做？

超市里的
收银员嬉笑打闹着。

老师带上白发头套，
扮演生病的奶奶。

中班上学期往往是游戏的"瓶颈期"，孩子们不再满足于独自摆弄材料，他们产生了与同伴互动交流的愿望，但缺乏交往的技能和方法。因此，在这个特殊时期，孩子更需要老师作为玩伴的陪同与支持，在老师的有意帮助下，孩子更容易跨出与他人交往的第一步，从而体验到共同游戏的快乐。

相比小班孩子将老师等同于可摆弄的"材料"，以及大班孩子独立游戏时大多不需要老师参与，中班孩子也许是最需要老师陪着游戏的，他们需要老师以游戏中的角色亲身示范、搭桥帮助，为他们创造更多的交往互动的机会。

成为中班孩子的玩伴

供稿者：姚艳斐

感悟与反思

以"示弱"的角色介入

一般而言，老师扮演哪些角色比较容易引发互动行为呢？

可以尝试扮演一些显得较"弱"的角色，以"弱者"身份介入游戏，如"生病的奶奶"、"本领小的妹妹"、"没带钱的客人"等，向孩子提出"我不行，怎么办"、"请你帮帮我"等要求，以这些角色看似被动的行为制造矛盾、引发问题，激发起孩子的主动行为，以退为进，帮助孩子逐步实现"共同玩"。

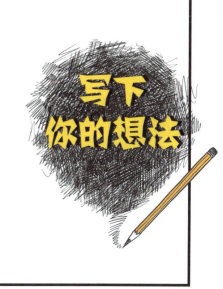

写下你的想法

孩子装扮起来，表演"狼和小羊"的故事。

我是狼。

这是小羊的房子。

孩子刚开始创编故事，如何帮助和支持他们？

？
这时，
你会怎么做？

表演结束后，观看表演的孩子们发表了意见。

老师又搬来了圣诞树做道具。

在游戏中，孩子不满足于游戏现状，是游戏发展的契机。老师应该敏感地发现孩子的需求，明确表达肯定的态度，给予积极的支持。老师的支持能帮助孩子自信、主动地创造，并努力克服创新活动中的种种困难，最终完成游戏。因此有时，老师可以用"你们满意吗"、"还有什么建议"等提示主动打破游戏的原有状态，有意制造问题情境，激发起孩子寻求新玩法的愿望。

也许，教育契机有时是可遇也可求、可造的。

支持孩子创新
表达的愿望

供稿者：唐冬梅

感悟与反思

为孩子提供情节和
语言学习的示范

在游戏中，孩子会有强烈的创新愿望，但经常会遭遇创新的困难，如创编故事情节、动作、语言、角色关系等。案例中，老师直接介入参与，以"会怎么邀请"的问题和"搬来圣诞树"的动作帮助孩子转换情节、衔接人物、创设对话情境，引发孩子更加丰富的表达、表现，给予他们成功的体验。

正是老师陪伴游戏的行为给了孩子创编故事情节和语言学习的良好机会。

写下
你的想法

在游戏中，孩子拿起一些玩具，却发现不好玩。

好"玩"的玩具

用勺子舀点奶粉喂宝宝吧。

咦，里面没有薯片，我不要了。

里面是空的，没法玩。

但罐子里其实没有奶粉。

小班时，老师往往会向孩子提供颜色鲜艳、外形逼真、操作简单的游戏材料，引发孩子产生摆弄的兴趣和积极的游戏行为。

进入中班后，那些功能单一、玩法简单重复的材料已经不再能满足孩子的需要，会使他们的游戏产生局限，使他们减弱甚至终止游戏行为。因此，进入中班后，那些操作起来较为复杂的材料更能激起孩子的游戏愿望，同时使游戏情节更加丰富。孩子的游戏水平也会更高，孩子玩得也会更开心。

操作较复杂的材料能促进中班幼儿的游戏兴趣

供稿者：潘莉丽

感悟与反思

提供"吸引性"的游戏材料

具有愉悦性的游戏材料应具有"吸引性"的特点，只有材料能够吸引孩子，他们才会乐意去玩。老师应为不同年龄孩子提供具有生活性、操作性和动态性特点的材料，其数量和种类应该随着年龄递增而发生变化。

如"水笼头"应可以旋转调节水温；"生日蛋糕"应可以切开；"电视"应可以变换节目内容；"奶粉罐"里应有"奶粉"，"买"回家后可以舀出来放到"奶瓶"里冲泡；"面包片"应可以夹"奶酪"、"果酱"；"饭店"里的"饮料"应可以根据"客人"的要求"鲜榨"等。这些具有鲜明生活性、操作性的材料可以充分调动孩子的生活经验，让他们自信地摆弄，体验操作玩耍带来的乐趣，得到身心的满足。

写下你的想法

小饭店关门了！

小饭店里的厨师和服务员正在送外卖。

您订的菜送到啦！

他们把菜送到了娃娃家。

太好啦！

谢谢你们！

原来娃娃家的妈妈今天过生日，大家一起给她开生日派对。

祝你生日快乐！

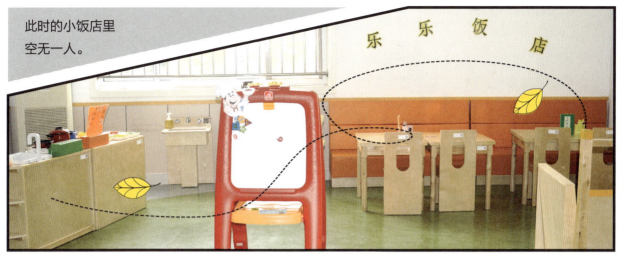

此时的小饭店里
空无一人。

有顾客光顾小饭店。

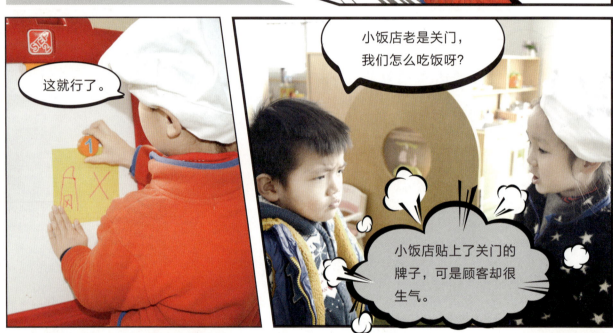

中班孩子渴望与同伴互动，游戏情节也往往会出现前所未有的新颖变化。他们常常打破原有的游戏主题、游戏规则，变着花样玩，矛盾也就层出不穷，老师应该怎么看待这种现象呢？

孩子们兴高采烈地将小饭店的菜都搬到了娃娃家，却引发了其他孩子的不满，矛盾就此产生。老师产生了困惑：中班上学期的孩子能否在多个游戏主题间互动、合作？出现了矛盾怎么办？

其实游戏中出现的矛盾正是孩子学习与发展的契机，游戏的价值就体现在不断引发问题、解决问题的过程中。老师不用急于帮助孩子理顺游戏情节、解决矛盾，可以抱着"看热闹"的态度关注游戏的自然发展，相信孩子会在矛盾中学习、在问题中成长，有能力把游戏玩得更丰富、更有趣。

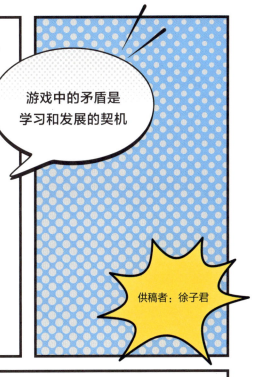

游戏中的矛盾是学习和发展的契机

供稿者：徐子君

感悟与反思

推波助澜，放大矛盾

当老师具备了适宜的游戏观，把握了游戏的价值，就能从容地看待孩子在游戏中的各种行为。

例如，老师站在小饭店门口，遇到有人来询问，就以"我也不知道，你自己去问吧"、"门口连块关门的牌子也没挂"、"老是关门也不是好办法"等，把问题一次次地回抛给孩子，引发他们去主动互动、寻求答案。此时，老师不但是旁观者，还主动制造了矛盾，并推波助澜扩大矛盾，以这种方式推动孩子的游戏。

写下你的想法

案例 17

成成开起了食品店

游戏时，成成总是一个人玩，他是个有些内向的孩子。

成成是捏橡皮泥的能手，可以做出许多点心。

开一家食品店吧，我想买你做的点心。

好吧。

成成食品店要开张了，我要去买饼干，你们呢？

我也要买！

食品店前面排起了长队。

食品店的顾客多了起来，商品不一会儿就被卖完了。

成成提议这次可以做糖果。

孩子跨出了合作游戏的第一步，如何引导他们进一步交往？

？

这时，你会怎么做？

我愿意！

成成准备开点心屋卖糖果了，谁愿意和他一起玩？

点心屋要开张啦！

成成教大智做起了糖果。

你要这样搓。

我也学会做糖果啦！

糖果做好了，快来买呀！

糖果做好了，可是没有顾客来买，老师鼓励成成做广告。

成成又想到了另一个卖糖果的好办法。

我去送货上门吧。

本案例中，老师先后三次介入游戏，第一次通过"突出强项"，使成成在与老师的交流中建立信心和安全感；第二次通过"帮助结伴"，让成成初步体验了共同游戏；第三次通过"助推交往"，帮助成成感受到了成功的快乐。

老师从成成的强项入手，消除了他的拘谨和紧张，并引导同伴主动参与成成的游戏，这时成成只要接受就行了，这对于成成来说并不难。而接下来老师逐步引导成成从被动接受到主动交往，不断体验与他人共同游戏的乐趣和快乐，使成成合作游戏的意愿有了很大提高。以强带弱、循序渐进，是游戏的境界，也是教育的法则。

三次介入，以强带弱

供稿者：王丽萍

感悟与反思

介入的关键在于时机和"火候"的把握

看似平淡无奇的三次介入，重要的是时机和"火候"的把握，老师准确抓住了教育契机，利用多种手法推动孩子发展。试想：如果成成没有做出"点心"，而老师要求他做"点心"开点心店，也许他根本不愿意；如果成成不主动提出做"糖果"，老师就提议做新产品，也许他会畏难或没有自信；如果老师不及时鼓励成成做广告，也许他就不会想到还可以主动送货。老师看到了孩子身上的可能性，耐心细致地逐步引导，其介入的手段和方法是简单、平淡的。对专业性的考验则在于对教育时机和助推程度的准确把握。

顺水推舟，才能达到"润物细无声"的目的。

写下你的想法

案例 18

"喀嚓喀嚓"
的地铁

好的！

老师，请你试一试门的大小，看看胖子能进来吗。

孩子们正在玩"地铁"游戏。

好的！

老师，请你画一张轨交图，我说你写。

YES!

孩子们仅仅需要一个"听话的玩伴"吗?

?

这时,你会怎么做?

"地铁"里的乘客越来越多,也越来越热闹。

今天我坐了地铁,如果地铁可以发出"喀嚓喀嚓"的声音就更像了。

在游戏后的讨论环节,有孩子提出了建议。

大班孩子具有更强烈的进行创造性游戏的愿望，他们的游戏情节更丰富、更精细化，游戏主题也更多元、更个性化，他们能独立策划游戏、设计细节、准备材料，并能从同伴那里获得游戏发展的支持和动力。

游戏中遭遇的挫折与困难，让孩子能"借题发挥"，有了持续游戏的动力，让他们有足够的时间和机会积累经验、获得智慧。可见，适度的挑战能激发孩子的创造力，游戏提供了这种机会和可能。

挑战激发创造力

供稿者：陈怡

感悟与反思

做一个"听话"的玩伴

孩子热爱游戏是因为它自由、自主的发展过程顺应了孩子内在的需求，也因为它无尽的变化和挑战让他们着迷。当孩子遇到游戏，"火花"注定"四溅"，老师要做的就是信任他们、赞赏他们、追随他们。

如果老师能够努力扮演一个"听话的玩伴"，做到"听孩子话，陪孩子玩"，退在孩子身后，让孩子主导游戏，那么便可以带给孩子更大的发展机会。

写下你的想法

四个男孩自由组成了游戏小组。

游戏结束后老师和孩子交流分享游戏感受。

四人组的其他三个人却生气了。

在本案例中，孩子们出现的合作行为是符合大班年龄特点的，老师期望通过提问介入唤醒孩子对合作的意识，但却忽视了"儿童有了合作行为但并不一定自知自觉"，导致介入不被接受，于是孩子们说出"少一个人也行"。

如果，老师把提问改为"今天你们四个人是怎么玩的？玩得开心吗？"引发孩子对合作行为的回忆，让孩子进一步体验合作的快乐，以此来唤醒和巩固其初步的合作意识，可能孩子的回应会更好。调整后的指导行为，在后续又一次类似的分享环节中得到实施并验证了以上假设。

介入难在捕捉契机

供稿者：周柱君

感悟与反思

精准把握孩子的"最近发展区"

在孩子的发展过程中，行为往往先于认知出现，合作行为的出现并不代表孩子们对合作性行为的理解，合作性行为被孩子的"最近发展区"所限制。可见，老师对孩子"最近发展区"的判断还欠缺火候，以致在孩子的提问上一再碰壁。

由此更加要记住：要判断孩子的"最近发展区"，理解他们的当下需要，适时适度地引导，既遵循孩子快乐的节奏，又抓住教育的契机，这样才能实现双赢。

写下你的想法

有一种"介入"叫"退出"

活动室的角落里摆放着一些原本用于室内运动的小器械。

要我帮忙吗？

不用，我们能行！

孩子们商量着用这些器械玩"海底世界"，此时，老师第一次介入。

孩子们用小器械当做"氧气面罩"玩潜水。

孩子们准备丰富海滩游戏项目，老师关注着孩子们的游戏，觉得可以增加一点内容，于是第二次介入。

要我一起出主意吗？

不用，我们能行！

孩子们又创造出更多的玩法，把小器械当成"摩托艇"、"水上滑板"，玩得不亦乐乎。

两次介入被拒绝，孩子真的不需要老师了吗？

？

这时，你会怎么做？

孩子有了新的游戏计划，老师从试图"教"他们玩，到想出主意"帮"他们玩，再到主动提出"陪"他们玩，三次提出进入游戏的要求，可是几乎都被孩子拒绝了。第三次，出于同情，孩子接纳了老师的游戏意愿。

三次"拒绝"给了老师极大的冲击：孩子究竟有多大的潜力、会创造多少可能？他们在游戏中娴熟地表现出编制情节、替代玩具、分配合作的经验和自主意愿，使老师真切地感悟和信服"游戏让孩子更有智慧"的游戏观。

被孩子"三次拒绝"后的顿悟

供稿者：顾雅萍

感悟与反思

"退出"比"介入"更难

很多时候，老师会不由自主地纠结"要不要介入、要不要指导、要不要陪伴"，也会有一些失落："孩子真的不需要我了吗？我还能为他们做些什么？"孩子的"拒绝"其实是在告诉老师：当他们愉悦、流畅地游戏时，老师应适时地"退出"。当然，对老师而言，也许"退出"比"介入"更难。

有一种"介入"叫"不介入"，有一种"介入"叫"退出"。

写下你的想法

听孩子话，引孩子玩

对教师的启示

我们发现了儿童有创造力，认识了儿童有创造力，就须进一步把儿童的创造力解放出来。

——陶行知

游戏真玩时，必定遭遇困境，那是锤炼，是学习，也是风景。听孩子话，引孩子玩，以强大的专业自信做一名受孩子欢迎的高明"玩伴"吧。

案例 21

小猫头饰哪去了

他有时候演小黄猫，有时候演小红猫。

有一天，只剩下一个小黄猫头饰，也马上被别人拿走了，灵灵哭了。

我们来想想还能怎么演小猫吧。

你看，像他那样戴上胡子。

其他孩子纷纷帮忙出主意。

哈哈，我是小猫！

又有孩子想出好方法，用两个响板发出声音玩"抓老鼠"。

小老师教灵灵用手做爪子。

没有头饰，灵灵和大家一样玩得很开心。

小班孩子在游戏中的一个典型特点是：材料和道具与他们的角色行为紧密相关，如，当喜欢的头饰没有了，游戏便可能中断。因此，老师往往会提供一些平行材料，满足他们独自摆弄的需要。但在本案例中，另一个头饰却不见了，于是矛盾也出现了，孩子面临着游戏行为无法开展以及社会性情感无法得到满足的双重挑战。

其实，减少材料是老师的有意为之，另一个头饰被老师藏了起来，老师希望借此为孩子创设问题情境，促使他们产生新的游戏和交往行为。

另一个头饰去哪儿了

供稿者：闵莹

感悟与反思

减少材料，激发替代行为

小班下学期的孩子在游戏中能比较娴熟地表现自己熟悉的内容，他们有了进一步丰富游戏的愿望，但对游戏的目标还不清晰。

老师可以通过减少游戏材料，引发同伴间简单的友善互动，以"还能怎么玩"的问题来启发和鼓励孩子们想出新的玩法。在游戏意愿的推动下，孩子的替代行为也就出现了。

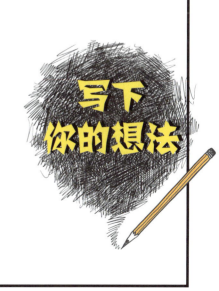

写下你的想法

当孩子在游戏中哭了

拐杖舞团队出现了纠纷。

天天转帽子老是掉下来，我们不要他一起跳。

这有什么好哭的，练习就行了。

老师没有安慰天天。

天天难过地哭了。

天天认真地反复练习。

玲玲擦干眼泪继续玩。

孩子在游戏中经常会遭遇各种困难、问题，而这些情境正是游戏提供给孩子能学习和成长的契机，因此，老师无需"大事化小，小事化了"，有时甚至还要放大矛盾、凸显问题，以引起孩子的关注。

老师面对问题时的态度和行为会直接影响孩子，因此，现场指导时，老师要帮助孩子直面困难，让孩子积极想办法解决问题，鼓励孩子努力协调自己与同伴、环境的关系，抓住契机促进孩子的发展。

无需"大事化小，小事化了"

供稿者：余丽莎

感悟与反思

游戏指导的"金句"

在游戏中，老师时常为"该不该指导、如何指导"而纠结，解决的方法是理解孩子在游戏中的感受，把关注点从教育目标转到愉悦目标，即将"如何让游戏继续、如何让孩子更愉悦"作为游戏指导的目标。

"还能继续玩吗"、"还能怎么玩"可以成为老师在游戏指导中的"金句"。老师可利用孩子自身的游戏意愿推动孩子自己解决问题、处理矛盾。这样的"金句"在游戏现场经常会带来点石成金、迎刃而解的奇妙效果。

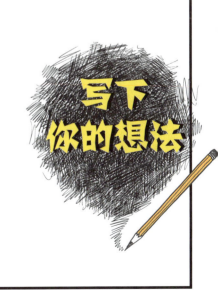

写下你的想法

绸带舞 还能怎么跳？

孩子们在做游戏计划时约定今天一起跳绸带舞。

大家先一起制作舞蹈道具。

做完了，拿在手上试一下。

集体欣赏环节，老师给孩子们播放了舞蹈的视频。

接下来的几天，孩子们有了许多新想法。

在表演游戏中，孩子的生活和审美经验以及社会性发展受到了很大挑战，孩子也获得了综合发展的机会。表演游戏为审美经验的积累提供了一个自然的输入平台。

当孩子的游戏达到某个阶段或遇到瓶颈时，老师应该敏感地把握时机、适时介入，通过多种手法激发起孩子在游戏中自主学习的意识。孩子不竭的学习兴趣和由不断完善游戏而获得的成长感、成功感将大大丰富他们的愉悦体验，促进其社会性发展。

"审美游戏"成全了孩子的自主学习

供稿者：周柱君

感悟与反思

为孩子提供"好玩"的舞蹈

当表演游戏从单纯的"戏剧表演"转变为"多元化艺术样式"时，孩子能表演的内容范围大大拓宽了，所有能为孩子提供审美体验的活动都成了表演游戏的内容，"表演"变得更好玩了。于是孩子们有了更多的选择，也真正爱上了"表演游戏"。

"绸带舞"就是这样一个好玩的舞蹈，制作、使用、修改道具后尝试合作，给了孩子充分体验和表达表现的机会。可见，要让孩子在"玩中学"舞蹈，老师首先要选择和提供让孩子觉得"好玩"、能够"玩得起来"的舞蹈形式。

写下你的想法

案例 24

百宝箱里的宝贝

厨师从百宝箱里拿出一些红纸，团成团后放进塑料瓶。

服务员从百宝箱里拿出一些红色的纸，撕碎后放进杯子里。

百宝箱里需要投放更多材料吗？

？

这时，你会怎么做？

厨师又用百宝箱里的红纸"创作"了一道新的菜——番茄炒蛋，作为今日推荐菜。

老师悄悄地向百宝箱里投放了更多材料，例如绿色皱纸。

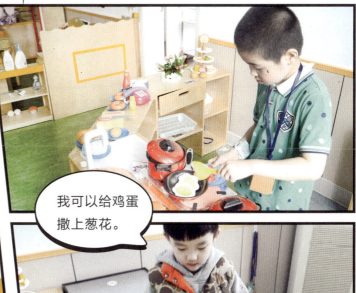

我可以给鸡蛋撒上葱花。

我来泡茶叶。

百宝箱的出现使孩子摆脱了过去单一的互动方式以及信息获取方式。过去，孩子经常在没有玩具时找老师，出现困难了求助于老师。而充足多样的低结构材料的投放，让孩子开始能够自主地与材料进行互动。

孩子可以根据自己的需要，到百宝箱里去直接选择、取用材料作为游戏道具，也可以对百宝箱里的低结构材料进行简单修改、组合、制作，让其成为游戏需要的材料。老师可投放一些特点显著、操作简便、便于联想和借代的材料，如案例中用途广泛的各色皱纸，这些材料稍加改造就能变成多种新的游戏材料，引发孩子大量的替代行为。

百宝箱为创造性替代提供支持

供稿者：杨立群

感悟与反思

以"低结构"材料替代"仿真"材料

中班孩子的生活经验和游戏经验有了显著提高，简单的游戏材料不再能满足他们的需要。同时，随着逻辑思维的初步发展，他们对于物品逼真性的依赖降低，可以进行抽象思维，也可以利用物体的一些特征开展游戏，这时是鼓励替代行为的最好时机。因此，减少中班百宝箱里的仿真、可直接使用的玩具材料，增添一些低结构材料，能直接激发孩子的创造性游戏行为。

百宝箱是孩子创造性游戏中不可或缺的宝贝。

写下你的想法

可以到其他活动室去找一找。

我发现了手偶，可以演木偶剧了。

孩子们还找到了恐龙玩具和恐龙图书。

孩子们在游戏室里发现了手偶。

这些可以用在恐龙商店里。

还有的孩子找到了垫子。

孩子已经有了娴熟使用百宝箱材料的经验，如小班孩子会直接取用里面的仿真玩具，中班孩子出现用低结构材料尝试替代的行为。当孩子有了创造性游戏的意愿时，百宝箱为他们提供了有力的支持。

在本案例中，当孩子们在百宝箱中找不到所需的材料时，又该怎么办呢？老师将这个问题情境直接呈现在孩子面前，并鼓励他们到其他地方去主动寻找合适的材料，使孩子突破、超越了有限的百宝箱选择范围，将整个幼儿园作为游戏材料的大仓库。

百宝箱的提供是老师支持孩子自主游戏意愿的有意行为，而让大班的百宝箱失效以致消失同样是老师有意为之，老师想通过这个事件传达给孩子一个新的"材料观"，即材料总是有限的，需要学习的是如何使用、改造、主动获取环境中可用的材料。百宝箱是孩子学着运用材料的启蒙，但远不是终结。

百宝箱里没宝贝

供稿者：潘莉丽

感悟与反思

"以退为进"的"材料观"

老师对百宝箱的设计经历了提供仿真材料——提供低结构材料——取消百宝箱的过程，孩子也经历了直接使用材料——制作、替代——主动寻找、为我所用的过程。正是老师的逐步"退让"造就了孩子的不断"进步"。老师首先需要建立起教育及其环境资源的"整合观"，将所有的环境、材料视为教育资源，才能帮助孩子形成新颖的"材料观"。

当幼儿园的材料不能满足游戏需要时，孩子们一定会到更大的"仓库"里去寻觅，有了这个意识之后，就游戏材料而言，也就没什么困难能够阻挡孩子的游戏意愿和游戏实施了。

写下你的想法

会讲故事的舞蹈

新疆舞小组的成员围坐在一起"吃起饭"来。

他们在干什么？这是舞蹈吗？

我们用新疆舞讲了一个故事。

当孩子不再按老师教的那样跳新疆舞，而是在"玩"新疆舞时，我们看到的其实是真正的游戏，在游戏中孩子们迁移着自己的生活经验，用动作表现他们自己的想法。

这时，老师很容易因为"不像舞蹈、舞蹈不是这样跳的"来否定孩子的游戏，进而教孩子怎么跳。这种否定忽略了：舞蹈动作或是其他技能都需要经过反复实践、经验建构，这些能在游戏中获得。老师过早、过度的介入会中断孩子的游戏，把游戏变成教学，孩子"玩"的权利被剥夺了，游戏的兴趣也便消失了。因此，老师应该避免以自己的标准和目标来衡量孩子的游戏行为。

鼓励孩子
"玩"新疆舞

供稿者：余丽莎

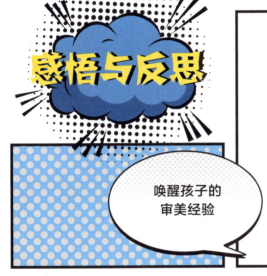

感悟与反思

唤醒孩子的
审美经验

孩子往往有着较为丰富的生活经验基础，而审美经验则比较有限，甚至缺乏。因此，如果老师能巧妙地帮助孩子增进审美体验，丰富审美经验，就能让孩子获得更强烈、更多元的愉悦感受，让他们玩得更开心。

在本案例中，老师以"舞蹈中的动作都应是美的"来鼓励孩子进一步探索和创造出"美美地坐火车"、"美美地吃饭"的表现形式，以唤醒他们的审美体验和经验，再通过增加道具来丰富情节，鼓励并相信孩子们可以表现出"美美地捧哈密瓜"的舞蹈动作。

写下
你的想法

娃娃家的成员计划去旅行。

孩子们翻箱倒柜，准备旅行所需的物品。

孩子们在旅行的途中一起野餐。

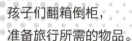

这个带上吧，也许有用。

孩子们去"海边"挖沙。

其他孩子也对这个"旅行"的新游戏很感兴趣。

在游戏后的讨论环节，大家发言踊跃。

第二天，游戏又开始了……

理发店里的发型师把客人打扮得美美的。

超市里很多旅行物品上架了。

餐厅推出了旅行套餐。

小银行的员工准备放假去旅行，在门口贴出了公告牌。

在自主性游戏中，交流分享是老师指导作用的突出体现，老师可以利用同伴间的经验分享来积极推动孩子的游戏兴趣和经验。孩子在游戏中的体验是个体性的，有着较大的差异，老师通过组织交流分享来拓展孩子的认知与生活经验，这充分体现了同伴学习的有效性，能发挥个体经验在游戏中的差异优势，让游戏情节更丰富、更有趣，让孩子的游戏意愿和创造水平得到更大的提高。

交流分享
凸显同伴学习

供稿者：陈怡

感悟与反思

老师的引言揭开
游戏新的序幕

当孩子们表现出对"旅行"游戏的兴趣时，老师以"你们准备怎么玩"助推他们的游戏意愿，引发他们追随这个热门话题，将角色游戏的主题带入"去旅行"的情境。于是大家兴高采烈地开始设置新的游戏计划，讨论新的游戏情节，带来新一轮创新游戏的热潮。

因此，在自主游戏中，老师要善于见微知著，捕捉热门信息，把握游戏主题的时效性，积极引发和推动孩子去创造和扩展不同主题、多样化的玩法，让游戏更精彩。

写下
你的想法

减一招

游戏时，涛涛站到了凳子上。

我是一个巨人。

这个巨人真高啊！很像！

游戏后的交流分享环节，老师让涛涛说说自己玩了什么。

第二天，各个游戏区里的孩子都模仿起涛涛，全都站到了凳子上……

突然，只听到"砰"、"噗"、"乒乓"。

在自主性游戏中，老师的鼓励具有显著的放大效果，能激发、延伸出孩子更多的创造欲望。在老师的肯定下，站在椅子上的"巨人"很快就成了大家学习的榜样，很显然，问题和矛盾也很快出现。

老师往往一味鼓励孩子动作的创新，力求使他们的表现越来越丰富，但孩子受到知识经验的限制，对动作的审美性、安全性和适宜性很难辨别和判断，有时就会带来风险。因此，老师对游戏的介入应该更谨慎、更专业，对于孩子的游戏的鼓励有时需要老师把握恰当的时机、使用适宜的方法，明确：鼓励的是孩子的行为、态度和积极性，而指导却可以是多角度的。

老师的鼓励会放大孩子的行为

供稿者：邱琳

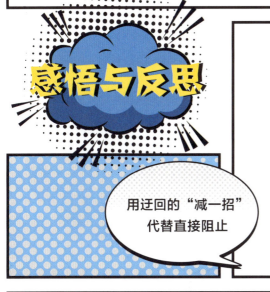

感悟与反思

用迂回的"减一招"代替直接阻止

当孩子在游戏中遭遇问题和困难，尤其是带来安全隐患时，老师必须介入，但老师是直接阻止还是婉转迂回，取决于老师是否关注孩子获得经验的方法。"减一招"的提法有助于引导孩子自己去比较、分析、协商，主动发现问题并加以调整，避免了老师直接以自己的观点、目标代替孩子思考，可以带来更好的效果。

对孩子来说，"减一招"其实比"加一招"更难，他们要进行比较、选择，要不断尝试体验后才能判断。"减一招"的妙处就在于让老师既给予了明确的态度，又鼓励孩子自己去分析、判断，帮助他们主动学习。

写下你的想法

音乐咖啡馆开张啦

月月想开一家音乐咖啡馆。

活动室里有一架钢琴，可以用来演奏。

她从家里带来咖啡杯。

大班孩子有了新游戏计划，如何支持呢？

这时，你会怎么做？

她还用橡皮泥制作出各种"蛋糕"。

老师在游戏分享环节给月月留出了三分钟"广告时间"。

音乐咖啡馆的工作人员围坐在一起开始分配工作。

音乐咖啡馆里的客人越来越多。

有人制作起菜单。

有人弹奏起钢琴。

大班孩子在游戏中会充分表现出自主性，创新游戏的愿望十分强烈，会有许多新主意、新想法。如何让孩子利用新的游戏主题、变化的情节、创新的材料，从而自主、流畅地实现互动、合作游戏呢？

"做广告"是个好方法，老师可以"给你广告时间"作为支持孩子游戏的主要方法，引导他们介绍自己的游戏材料、叙述游戏计划、说说自己游戏中的亮点设计，以此吸引同伴共同参与。这大大促进了大班孩子的游戏计划性，他们协商协作、合作交往的能力也得到了极大提高。

"做广告"是个好方法

供稿者：杨立群

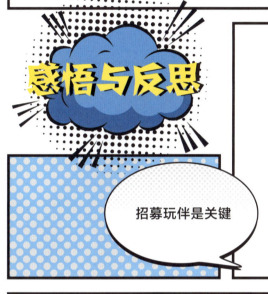

感悟与反思

招募玩伴是关键

孩子从进行小班的独自游戏到中班的联合游戏，再到进行大班真正的合作游戏，互动交往的能力和水平得到了有效提高。对大班孩子来说，他们有能力自主选择和计划游戏，自主编制游戏细节和制作材料，但真正实现创新合作游戏的关键在于能否招募到玩伴。有时老师也会以诸如"自主发起游戏，并招募同伴"为标准，判断孩子的游戏水平。

老师的支持应着力于最终帮助孩子招募到游戏同伴、与同伴共同制定和完善计划，实现"共同玩"的游戏目标。

写下你的想法

案例 30

创意纷呈的花样滑板

滑板组的成员正在随意地玩。

老师给了他们一个音乐播放器。

孩子们播放音乐，开始跟着音乐玩起来，老师加以肯定和赞赏。

老师发现了有的孩子玩出了新动作，马上给这个动作命名。

孩子们的新动作越来越多，"火箭"、"孙悟空腾云驾雾"逐渐出现。

孩子们组合出"大风车"的造型，还顺着一个方向转起来。

孩子在表演游戏中的创造性表现，不是与生俱来的，也不是老师教会的，这一切都源于老师的发现、尊重与欣赏。孩子们利用小小的滑板，从原本使用单一的滑行动作，到变出"飞机"、"风车"、"青蛙"、"火箭"、"孙悟空"，到最后合作变成"毛毛虫"，这正是源于老师的发现。老师引导孩子从无意地"玩"到有意识地探索和表现，孩子在老师的尊重与欣赏中获得更多的创作灵感与勇气。

在与孩子的互动中，老师要有一双善于发现的眼睛，老师的发现能唤醒孩子创造的欲望，使孩子的无意探索转变成有意表达；老师的发现能唤起孩子的奇思妙想，使孩子沉浸在无限的创造快乐中。

教师的发现能唤醒孩子的创造

供稿者：谢芬

感悟与反思

用"激励"陪伴孩子不断超越自我

在表演游戏中，老师的一个眼神、一个鼓励的动作、一个肯定的赞许，甚至一个挑战性的发问，都能激发孩子的学习动机、学习愿望和学习热情。

"你们能……"、"你们还可以……"、"如果能……就更好了"、"你们能换一种……表演吗"等"金句"，在孩子的表演过程中起着积极的作用，推动着孩子不断挑战自我、超越自我。

激励是孩子成长的隐形翅膀，老师要用激励来陪伴孩子，相信孩子会在老师的激励中努力地"学习"，并在不断地超越自我中获得更大、更高层次的愉悦。

写下你的想法

游戏心得

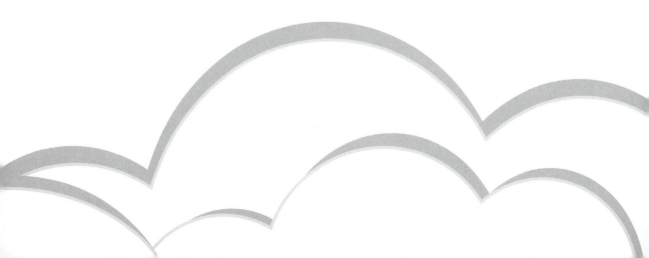

建设中的幼儿园游戏课程

黄丽萍

1. 游戏课程的实践与困惑
——游戏的主体性价值与教育功能的矛盾

1959 年联合国通过的《儿童权利宣言》和 1989 年颁布的《儿童权利公约》，以规则和法律条文的形式明确提出：游戏是儿童的基本权利。儿童在享受游戏时，身体上、精神上能得到最大程度的放松，焦虑的情绪能得到缓解，这凸显了游戏的享乐功能。

2004 年由上海市教委颁发试行的《上海市学前教育课程指南》中指出游戏对幼儿发展有重要价值，能发展幼儿的想象力、创造力和交往合作能力，促进情感和个性健康地发展，这凸显了游戏的教育功能。

以上分别从幼儿主体的角度和教育功能的角度阐述了游戏对于幼儿期孩子的发展的价值。传统教育往往凸显游戏的教育功能，上海实行二期课改后，又强调游戏的享乐功能。非左即右的价值观，引发了教师截然不同的两种行为：严加控制与远远观望。

游戏价值的多元、辩证带来了游戏"自由化"与"教育化"的矛盾和碰撞，引发教师价值取向和指导行为的失衡。如果认同游戏的主体性价值，主张游戏"自由化"，教师往往会放任不管；如果认同游戏的社会性价值，主张游戏的"教育化"，教师往往采用严加控制的方式。而教师参与游戏时的角色和地位、行为和态度将直接影响幼儿的游戏行为。因此，要解决实践中的问题，必须首先厘清游戏"自由化"和"教育化"的关系。

2. 游戏课程的研究方向
——形成基于愉悦性目标的游戏课程

上海市二期课改提出：把游戏还给孩子！同时指出：自由是游戏的本质特征。因此要尽可能不干扰幼儿的游戏，让他们玩得快乐。理念很新，大家也都认同。

但在实践中，矛盾也出现了：教师作为课程的实施者，该如何使游戏的教育功能实现？在实施游戏的教育功能时，是否会影响幼儿游戏时的快乐和自由？教师在实践中产生了茫然，导致实践中出现了从课改前对游戏严加控制到课改后放任不管或无从着手的局面。

教师在实践中的困惑，引发了我园关于游戏课程的进一步研究，我们希望能够回答以下三个问题：

- 到底如何来理解游戏的价值？
- 教师在实施游戏课程时，如何同时把握满足幼儿自由的需求与实现教育目标？
- 游戏的本质到底是什么？当幼儿的需要和教育功能发生冲突，教师何去何从？

通过研究，我们希望能够回归游戏的本原，重新认识游戏愉悦性的本质特征，使基于愉悦性目的的游戏的可操作的方法与经验形成，努力获得适用于愉悦性游戏的内容、材料、过程、指导与评价探究。

3. 以角色游戏和表演游戏为主的愉悦性游戏

幼儿园游戏是指幼儿自由、自主、自发的活动，游戏活动能发展幼儿的想象力、创造力和交往合作能力，促进情感、个性健康地发展。

基于愉悦性的幼儿园游戏是指以让幼儿在游戏中获得快乐、感受愉悦为主要和首要目标，以此作为其它一切发展的基础的游戏。在我园的游戏课程中主要包含角色游戏和表演游戏。我们认为：愉悦是幼儿发展的基础，只有愉悦的游戏才能促进幼儿情感、认知、动作和社会性的发展。

角色游戏是幼儿结伴交往，扮演生活中的角色，模仿成人社会生活的活动；表演游戏是以幼儿社会生活经验和审美经验为基础、以"真善美趣"为要旨、以自主性游戏为主要方式的艺术审美活动，它不同于传统意义上的儿童脚本表演、故事表演或戏剧表演，其内容包含传统的表演游戏、音乐游戏及其它幼儿感兴趣的、与艺术相关的活动内容和样式，分为戏剧类、歌舞类、"杂"技类、欣赏类四大模块。

这两大类游戏都承载着满足幼儿的主体需要和完成游戏教育价值的双重任务，因此也成为我园研究游戏课程的重要内容。

 **我园游戏课程实践的突破与发展**

1. 儿童为什么游戏？
——从对游戏多元价值的研究回归到游戏本原

通过带领全园教师开展对新老教材的解读和对国内外关于游戏的情报的综述梳理，我们发现：人们对游戏的认识（从早期认识情感价值到认识认知价值，再到认识社会性价值），历经了漫长的过程，这也使我们看到游戏价值的丰富性。在学习了各种理论的基础上，我们把游戏的价值归纳为主体性价值和社会性价值两大类。主体性价值的内涵包括：自我意识发展、情感发展、动作发展、经验积累发展，体现为幼儿在童年身心发展进程中自然需要的情感宣泄、自我意识萌发、动作满足等，它们是幼儿主动开展游戏的内驱力。而社会性价值的内涵包括：社会认知、社会交往能力、社会规则发展等，可以阐释为社会对教育培养合格公民的期待和要求。

对游戏价值的多元理解是解决角色游戏中出现的"过度自由导致教育功能弱化，过分强调教育功能又降低了游戏的快乐"这一对矛盾的理论基础。

同时我们也在研究中发现，游戏早被大家认可的便是它的情感价值，随着对游戏教育功能的日益关注，游戏的认知价值和社会价值才逐步被挖掘。但在游戏实践中，我们往往因为过度重视游戏的教育价值而忽略了情感价值的重要性及其意义所在：即如果没有情感价值，其余的价值在游戏中也不可能实现。儿童在一个不自愿、不自由的游戏中谈何发展？

游戏的直接和终极目标是幼儿的愉悦体验。自由、愉悦是游戏的本质特征，凡是让幼儿觉得得到了自在感、支配感、胜任感、成就感等情感体验的都可看作游戏，幼儿的情感体验，包括自主程度、参与程度、愉悦程度是衡量游戏的标尺。因此，自由、愉悦是游戏的本质特征。

因此，我们以游戏的主体性价值为基础，把游戏的快乐还给幼儿，让幼儿在游戏中先快乐后发展，不快乐则不谈发展，这是我们对于游戏课程进行改革的方向，也为我园的游戏课程实施奠定了基调：先愉悦，后发展，两者缺一不可。

2. 儿童怎么游戏?
——让自我意识发展与社会性发展在实践中双实现

对游戏价值的辩证性进行深入理解后，如何实施便成为关键。我园在研究与实践中，以儿童游戏需要为基础与出发点，适时适宜地实现教育的功能，使游戏中儿童的内在需要与教育目标得到双实现。

（1）双实现建立在尊重儿童的年龄特点与生活经验的基础上

儿童的需要与他的年龄特点与生活经验息息相关。因此，"了解儿童需要"先要分析其年龄特点和生活经验。对同一游戏行为，在不同年龄段可以解读出截然不同的含义。

如对材料的占有与摆弄。在幼儿园的角色游戏中，我们经常可以从幼儿的各种行为中看到占有感、支配感等自我中心意识的表现。如小班的孩子，经常会把幼儿园的玩具放在口袋里带回家，也会把老师的"教具"放在嘴巴里吃，还会把别人摆放好的东西弄乱，按照自己的意愿重新摆放。这些行为出现在3岁左右的年龄段时，其背后体现的是幼儿自我意识的萌发，通过这些行为幼儿学习区分自我与他物，获得安全感的满足，这种情况下，如果不了解幼儿的年龄特点，教师就容易对这些行为产生误判：对幼儿的占有行为表示不认同，并引导他们进行谦让等，而这些恰恰是对该年龄幼儿的正常游戏需要的遏制。

因此通过研究，我们引导教师对幼儿的游戏行为表现出理解和支持，例如，为小班幼儿提供平行材料——在娃娃家多配几个煤气灶，在医院多放几个针筒，保证超市里同一品种的物品数量充足等。

幼儿在4—5岁年龄段时，正处于去自我中心的阶段，如果这时还表现出过度占有、与同伴发生矛盾的情况，教师就面临两难的选择：如何既引导幼儿去自我中心化，又满足幼儿的游戏需求。在这种情况下，我们可以使用多种游戏策略来解决这个问题。例如，中班曾发生的"哥哥姐姐推小推车"的案例就非常典型。

娃娃家里的哥哥姐姐都要推小推车带娃娃出去玩，于是发生了争抢。老师可以先运用情感认同的方法来引导中班幼儿互相倾听对方的需要。然后可以帮助幼儿建立规则，让幼儿在共同推小推车的过程中学会妥协，使用剪刀石头布的方法学会把机会让一半给他人，接受轮流推的提议等。应让幼儿发现和认同他人的存在，理解与自己有相同需要的同伴的需求，引导幼儿逐步从一个人玩到一起玩。以上这些策略，既能满足幼儿玩的需要，又能使"去自我中心化"的教育目标实现，使游戏带来的快乐和发展并存。

因此，我们得到的启示是：如果要在游戏中同时实现满足儿童情感需要和达到教育目标，必须尊重儿童年龄特点与生活经验。

（2）双实现建立在理解儿童当下需要与最近发展区关系的基础上

每个儿童都有最近发展区，要理解儿童发展区可以将对教育目标和儿童当下行为的解读进行结合。就幼儿园的表演游戏而言，曾有过一个典型案例：

大班四个孩子在一次表演游戏中合作表演了魔术。他们商量好上场次序以及谁负责掩护、谁负责音乐、谁负责串联，节目获得了观众们的热烈掌声。教师认为这是让孩子懂得合作的教育契机，决定在游戏后的分享环节给予强调和意识提升，于是问这几个孩子："一个人玩开心还是四个人玩开心？"孩子们回答："都开心！"老师没有收到预设回答，继续追问："那么缺一个人可以吗？"没想到孩子们毫不犹豫地回答："可以的！"老师原想通过提问唤醒孩子的团队意识，没想到孩子们并不买账，于是教师傻眼了。在教研时，老师们通过分析幼儿当下发展区，认识到：在这次表演游戏中，孩子出现的合作行为是符合大班年龄特点的，但是孩子的行为先于认知出现，合作行为的出现并不代表对合作性行为的理解，这体现了孩子的最近发展区。老师可以把提问改为："今天你们四个人是怎么玩的？玩得开心吗？"通过提问引发孩子们对合作行为的回忆，让孩子进一步体验合作的快乐，借此唤醒和巩固初步的合作意识。调整后的教师提问，在之后一次类似的场景中得到了来自孩子们的符合预期的回应，孩子玩得很快乐，教师也抓住了契机，实现了特定的教育目标。

综上所述，在解决游戏两难问题的实践中，我们进一步理解了幼儿园游戏的双重目标：就幼儿主体来说，游戏的目标是内在的，要让幼儿为游戏而游戏；对教育者来说，游戏是儿童发展的手段，因此，在把游戏纳入教育活动时就要设立外在目标——游戏的发展目标。

而孩子的游戏在多大程度上可以与教育者的教育目标和谐相融，游戏的教育功能与幼儿的内在需要的关系如何、孰轻孰重，这些与教师在实施中对游戏价值的理解、对儿童年龄特点和最近发展区的分析紧密相关。我们意识到，若要使游戏最大程度地发挥独特的教育功能，就要让游戏成为游戏，也就是说当游戏本身就是儿童活动的内在目标时，它才是最合适的教育手段。因此，只有先保障了游戏的愉悦功能，才有机会实现游戏的教育功能。这是我们在游戏研究的进程中获得的最大的突破，它直接影响着教师在游戏中对幼儿行为的解读、与幼儿的互动方式、对环境资源的创设。

游戏中教师、儿童的双成长与双解放

　　游戏成就儿童，也成就了教师。游戏中，教师让幼儿快乐，幼儿让教师轻松。教师可以也应该成为儿童的游戏伙伴，但是，真正要实现这句话对教师的专业考验相当巨大，因为事实上，肩负着教育目标的教师很难让自己变为单纯的游戏伙伴。其实，教师需要的是"润物细无声"的师幼互动艺术。

　　在研究中，我们发现，教师在游戏中信任孩子，反映出的其实是教师信任自我的本质。由此，我们关注到了游戏课程实施中教师专业发展与幼儿发展的关系：游戏既带来双成长，又带来双解放。

　　关于游戏中的双解放和双成长，有过这样一个经典案例：

　　有位青年骨干老师为了把更充分的游戏机会还给孩子，一直让孩子自己组织活动，甚至将这种自主性延伸到午餐等一日生活环节，孩子们的自信心和主动性在自我管理过程中也更强了。但是，这位老师却开始纠结了，她觉得自己还有很多教育目标需要完成，所以每当发现教育契机或可供提升的经验，她都不由地想要介入到孩子的活动中。虽然，她是用同伴身份参与游戏，但她频繁的插嘴却让孩子们受不了，于是孩子们向她提出："老师，我们自己能玩。"老师听了有些赌气，就说："那我可以到办公室休息吗？"结果孩子回答："可以的。"老师因为这句话受到了打击。后来，她反思了自己的行为，和孩子们商量出一个规则：游戏时间，整个过程都由孩子们自己组织，如果老师要发言，就举牌子，得到孩子们的同意后才能说话，但老师说话时孩子们都要安静。这个规则实施后，效果非常好。老师尽量克制着自己不去干扰孩子们的游戏过程，而在她发表意见的时候，孩子们的聆听也超乎以往地认真。

教研中，我们分析了这个案例，意识到"举牌子"发言这一指导策略之所以得到了幼儿的拥护，有两大原因：一是教师以游戏的方式自然地融入幼儿中，幼儿没有感觉被打断游戏，自然地将教师的介入接纳为游戏的一部分。二是这一策略的运用符合大班幼儿的年龄特点。小班儿童处于安全感需要期和依赖期，需要权威的存在；中班处于需要从他人行为中印证自我对错的时期，也能默认权威的存在；但大班幼儿开始由服从权威转向认同公信力，自我界限开始清晰，因此，教师只有以伙伴身份和伙伴方式介入游戏才能获得认可。师生心中各持所需，顺势而为，才能达到彼此和谐相融。

这个案例给予我们的启示还有很多，老师在反省时曾说："我感到孩子不需要我了，我也很失落。"不由得引起其他老师的共鸣。"游戏中让幼儿自主"，这话说起来简单，但做起来却很不容易。教师要有对自己专业水平的强大自信才能给予幼儿更多的宽容和自主。

在我们的游戏改革中，既解放教师又提升幼儿主动性是最初的目标，但这并不表示教师要无为而治，而是要退后、辗转，使幼儿得到解放，让幼儿根据自己当下的需求自主发展，这样，幼儿得到了自由，教师得到了放松。理解了这些关系之后，教师焦躁的心理才能得到缓解，才能真正从内心接受幼儿的游戏过程与过程中的自己承担的同伴角色，才能感受到幼儿游戏的快乐，触摸到幼儿在当下游戏中的发展需要，让自己更贴近幼儿，从而在游戏中真正地做一个被接受的玩伴。

游戏课程包含人际互动，又是对社会的模拟展现，它是一个包容性的课程。教师和幼儿都在其中调整自我、不断学习和成长，这就是游戏课程带给师生的双解放和双成长。

游戏研究中园长课程领导力的历练

游戏课程是我园园本化课程中的一个亮点，也是我园平衡课程的一个重要组成部分。作为园长，在园本课程的建设过程中，肩负着对游戏课程进行价值判断、资源开发、质量评估和监控等职能。因此，在游戏课程中园长要前行、引领，和游戏课程共同成长，历练课程领导力。

1. 把握游戏课程的发展方向
——尊重幼儿年龄特点，以幼儿发展需要作为课程管理的基本依据

游戏理论指出：游戏水平就是幼儿的发展水平。我园幼儿在游戏中展现出的经验，既来自于家庭和社会生活背景，也来自于我园的完整课程。因而我们要对课程进行体系化的框架设计，厘清课程各要素之间的关系，根据现代幼儿发展的特点进行布局与不断完善，凸显关键要素，使与培养目标相一致的园本课程形成。游戏课程的发展就是建立在此基础上的。而幼儿在游戏中获得的体验和发展，也会渗透在幼儿的整体素质中，又作用于课程中不同的活动。

因此我们认为，幼儿期的发展是整合性的，这是由其年龄特点决定的。因此在把握游戏课程的发展方向时，要注意到不同活动间的互相作用和渗透。游戏包含了幼儿情感发展、语言发展、自我意识发展、生活经验发展、数经验发展、动手能力发展等多个发展点，幼儿综合运用这些经验在游戏，而分析游戏的经验来源，又为我们反思幼儿期其他课程的完善与否提供依据。所以，园长在进行课程建设时，既要重视游戏课程的独特作用，又要充分掌握课程的平衡性，以幼儿的全面发展作为课程建设和管理的基本依据。

2. 实现游戏课程的有效实施
——建设课程资源，为教师提供支持性行动方案

课程建立的责任人是园长，有效实施的主体是教师。因此，为了保障游戏课程的有效实施，园长要做件重要的事情：借助教研平台，建设课程资源，使游戏支持性方案形成，帮助教师提高实施效益。

我们以"结构设计、开放实施"为游戏课程的建设原则，使体系化的课程结构、有形化的课程资源形成，使课程更具有操作性，满足不同教师实施课程的需要。我们建立课程资源"支持"系统，其内容包括组织攻略、表演游戏方案汇编、角色游戏"集束式"案例以及大量活动方案和案例回顾，给了教师实施课程的"支架"，尤其是让青年教师犹如站在"巨人的肩膀"上，有了更可靠的起点。但实施时，教师可以根据

自身水平与本班幼儿的发展水平，开放、灵活地进行实施。如教师可以根据新疆舞表演游戏汇编方案，先让幼儿学会垫步和转手腕两个基本动作，然后幼儿就可以开始自己玩了：自己装扮，自己编舞，自己组合变化队形，自己寻找伙伴，最终，一百个儿童可以表演出一百种新疆舞。这就是游戏支持性方案的作用所在。

3. 完善游戏课程的评估监控
——整合课程价值，挖掘课程文化

多元文化思潮，给国际学前教育质量评估带来重视"文化"的理论观念和具体要求。不同国家在关于质量评估关注"文化"的问题上，表现出两方面的走向，其一是重视培养儿童作为多元文化社会适应者的能力，其二是开始重视学前教育机构文化建设的评估，要求将机构组织是否"能够营造园所文化、建立专业学习共同体"纳入有效的领导力的评估范畴。

在游戏研究中我们发现，游戏作为幼儿园课程中人际互动频率最高的一个活动，展现出丰富的文化内涵。孩子在结伴游戏、合作游戏的过程中，不仅创造性地运用生活经验，也表现出自身不同的生活背景，并在游戏过程中互相融合、借鉴和理解。曾有一个案例典型地表现出这个过程：

> 班里的 16 个男孩子先后扮演过"娃娃家"的"爷爷"这一游戏角色，展现出 16 个家庭中爷爷的生活状态：有看报买菜照顾家人的爷爷，有打拳养花注重生活品质的爷爷，也有需要全家人围着转的有威严的爷爷。

游戏反映的就是儿童的多元生活，他们在其中理解了生存的多种状态，也接纳和包容了不同的思想和生活方式，这是课程人文性的体现。同时，我们意识到，游戏中儿童的发展并不是单一的，动作、情感、认知、社会性交替发展着，但是，这四个方面的发展又是在确保儿童游戏足够快乐愉悦的基础上进行的。

每个儿童个性、经验的不同导致了兴趣点的不同，因此游戏评价也必须是个性化的、多元的，要强调个体在游戏中的自由发展与快乐发展。游戏课程需要建立个性化、多元化的评价系统，既考虑到儿童生活的背景资源，又兼顾儿童的个性化发展表现。

基于这样的考虑，我们在对所在社区的经济文化背景进行分析与评估的基础上，从幼儿园的生态系统角度出发，借助游戏课程实施，探索园本文化的建设。通过对儿童成长背景的调研、对儿童发展过程的观察记录等，逐步引导教师对儿童的成长背景进行分析，从对儿童现有水平的评估延伸到对儿童过去经验的考虑。在幼儿园游戏课程的建设中，我园表现出对园区所在社区的历史文化的积淀、社区人群文化背景和需求的考虑，使幼儿园有机会对自身文化、传统进行梳理和反思，使我园游戏课程体现出梧桐树下的人文特色。

从一人游戏的"自在"走向群体合作的"愉悦"

——小班和中大班角色游戏愉悦点的不同

姚艳斐

喜爱游戏是儿童的天性，也是儿童期最主要的年龄特征，儿童在游戏中得到快乐，同时在游戏中学习与成长。在实践中，我们尝试把游戏还给儿童，让儿童充分享受游戏的快乐。但问题是，游戏中儿童的快乐究竟是什么？是教师"自以为是"的引导下的快乐，还是完全脱离教师的自由的快乐？对游戏理论的研究让我们意识到游戏价值的多元性，其中包含了从儿童身心发展需要出发的价值，也包含了社会教育对于人培养的要求。于是，我们尝试从儿童年龄特点出发，从儿童身心发展规律中寻找各年龄段发展的需要，从而真正理解游戏对于儿童的意义所在，理解儿童的游戏，解读儿童游戏中的愉悦点。

在角色游戏中，随着幼儿年龄的变化，呈现出的对游戏愉悦的需求点也是变化着的。

小班幼儿在材料摆弄中感受愉悦

小班幼儿刚接触群体结伴性的活动，虽然周围存在这么多的同龄伙伴，但他们还处于区分"自我"和"他人"的过程中，同伴关系对他们而言意味着陌生与不安全。因此，胆小的幼儿会退缩，避在角落里默默观察或游离在游戏外对所有的人和物都视而不见、漠不关心；大胆主动的幼儿的活动兴趣则体现为摆弄游戏材料，他们会被色彩鲜艳的游戏材料所吸引，会主动探索起环境中的物并慢慢地关注起环境中的人。这在小班幼儿中是很普遍的。

因此，对于小班幼儿而言，游戏的愉悦性体现在独来独往上——"想去哪儿去哪儿、想玩什么玩什么"，暂且称之为"自在游戏"。胆怯退缩的"慢热型"幼儿会在老师的帮助下，在对环境慢慢熟悉后玩起材料，关注起同伴。这时，安全、自在是幼儿最大的游戏需求，幼儿会经历从发现新玩具、喜欢玩、会玩，到发现新玩伴的过程。

案例：熟悉环境后越来越"自在"

西西是班里年龄最小的幼儿之一，生性内向、胆小，开口学说话也晚于同龄孩子。入园初期，西西对幼儿园新生活、新环境的适应能力较弱，对角色游戏也表现得非常排斥。每次走进游戏室，她都牢牢拽着老师的手，老师走到哪儿她也跟到哪儿，无视身边小伙伴的主动"搭讪"。再到后来，只要离开了老师，她就独自坐在角落里，默默地看着同伴游戏。

入园三周后的一天早晨，西西如往常一样来得特别早，一进活动室又牵住了老师的手。不过西西今天是第一次主动向老师打招呼，表情看起来也轻松、愉悦多了！老师俯下身问她："今天老师是娃娃家的妈妈，待会儿要给宝宝洗澡，还要给宝宝洗衣服、做饭……你愿意来帮忙吗？"西西点头，跟着老师进入娃娃家。让老师欣喜的是，西西看到老师搬起浴盆，会拿来沐浴露和洗发水；看到老师在给娃娃脱衣服，会从衣柜里拿来另一套干净的衣服；看到老师用毛巾给娃娃洗身体，会给娃娃洗头发……到最后，西西索性直接抱起了娃娃，自己当起了"妈妈"。

同样是小班，还有个胆小女孩叫妞妞，每次角色游戏的时候她就一直站着，四处观望，老师上前去问她："想当什么？"她却每次都跑开。突然有一天她拿着"白大褂"来求助老师帮她穿上。之后便做起了"医生"给"病人"看病配药。

让小班幼儿熟悉游戏环境需要一个比较长的过程，之后他们的兴趣会集中在摆弄各式各样喜欢的材料上，在这过程中还会不断地迁移已有的生活经验，去模仿和想象，把自己当成某个社会角色。当这种需求不断被满足，他们的游戏就"自在"起来了。此时，他们的自我意识不断增强，意识到自己想玩什么、喜欢玩什么、自己想当什么。但是，此时他们对同伴关系的兴趣并不大，对同伴的关注程度也不够，并没有什么相对固定的游戏伙伴，交往也只是一个招呼或简单的两句对话，彼此之间还没什么情感友谊可言。

相对地，此时的小班幼儿对自己兴趣和爱好的意识增强了，有了偏爱的角色，会出现有意识地把近期生活上的情感和经验带入到游戏中的情况。

案例："我想当爷公"

老师问："今天你想玩什么？"乐乐激动地站起来说："今天我想当爷公。""爷公？"老师疑惑地问。"我想当爷爷和外公。"乐乐解释道。"两个都当吗？"老师有点为难，又有点好奇。"嗯，我就想两个都当。"乐乐肯定地对老师点点头。"那好吧！"听到老师的回答，乐乐的脸一下子笑开了。游戏中，乐乐一会儿学外公去超市买菜做菜、打电话，一会儿又做起了爷爷，乘车去红红家做客，他玩得忙碌而快乐。

很明显，乐乐对自己喜欢扮演的角色非常明确，而这两个角色一定是乐乐平时最喜欢或崇拜的家人形象。经过了解，乐乐在生活中其实最粘外公，而他突然提出想扮演"爷爷"，是因为爷爷帮他买了奥特曼玩具，玩具马上就要送过来了，对此乐乐很是兴奋与期待。一下子，爷爷也成了他的所爱，于是把这份情感带到了游戏中。

小班幼儿"以自我为中心"的特点，其实就是个人成长过程中自我意识发展时的心理需求的反映。自然，在游戏中的愉悦大多源于玩喜欢的玩具、当喜欢的角色。然而跨入中大班，幼儿对同伴的关注逐渐增强，喜欢结交朋友，对同伴的需求也增强了，这时幼儿的社会情感发展突飞猛进，在游戏中出现了合作，并且合作、共同游戏的需求越来越强烈。但幼儿个性化表达的差异太大，导致矛盾增多也更为复杂。对此，中大班幼儿以解决问题为乐、以获得同伴认同为乐、以用创新去成功吸引同伴关注为乐……最终他们因合作游戏而感到愉悦。

中班幼儿在情节想象的游戏过程中感受愉悦

中班幼儿不仅游戏兴趣显著增强，游戏水平也大大提高，这表现为游戏情节逐步丰富、内容多样化，还出现了以物代物等替代行为。此时的儿童富于想象，常常会把自己看到的内容融入自己的想象，并运用到游戏中。这些想象的情节带给他们很大的愉悦。

　　中班幼儿在游戏中的动作开始更多地受观念的支配而不是物体特征的支配，他们在由具体物体组成的外面世界与由意象和观念组成的内部世界之间架起了桥梁，使之建立了联系，游戏情节因此变得更丰富、灵活了。

案例：手机卖完了

　　"娃娃家"的爸爸到"小饭店"吃饭，可是客人都坐满了，"服务员"对他说："你可以打电话来预订。"他问："电话号码是多少？""服务员"想了想说："5232。"
　　爸爸来到"小超市"想买一个手机，可是手机卖完了。他四处张望，看见一块长方形的积木，于是拿起积木，来到"小饭店"门口，用食指在积木上按了几下，又把积木放到耳边说："喂喂，是小饭店吗？我要预订，待会儿来吃饭。"

　　在这个案例中，幼儿处于情节幻想的高潮中，在情节幻想中和他人建立联系，获得幻想的快乐。

案例：奥运滑雪

　　在一次游戏中，几个男孩突发奇想，要做冬奥会滑雪的游戏。但是，他们对于滑雪的经验很少，于是七嘴八舌地讨论起自己所看到或所理解的滑雪片段。他们用几个椅子排成一排做"赛道"，脚底下踩着报纸当做"滑雪板"，开始进行"冬奥会滑雪比赛"。男孩们边滑边兴奋地大叫："风好大啊，我滑得好快啊。"没一会儿，便吸引了很多孩子围绕着他们，为他们加油。

　　这些游戏情节都是幼儿用部分生活经验加上幻想来展开的，他们从中感受和触摸到遥远的世界，并得到快乐和满足。

案例：我来打广告

　　咪咪和石头这对好朋友是美美发屋的"老板"，一开始游戏时两个人有说有笑的，可没一会儿，他们发现理发店里没有客人，于是石头站到了理发店的门口开始吆喝起来："欢迎光临，小客人们快来理发呀，这里有帅哥发，还有美女妆……"他奇特的广告词果然吸引了好几个客人，客人们纷纷跑进来理发了。游戏结束时，石头高兴地对老师说："老师你看，今天我赚了好多钱。"

中班幼儿开始对结伴感兴趣，他们总能找到几位相对固定的好朋友，因此游戏中的两两结伴是比较常见的游戏状态，然而这往往还不能满足他们寻求同伴关注的需求，案例中的石头灵机一动自编了一段广告来解决问题，获得满足。

通常在中大班的游戏中，寻求群体关注、进行合作游戏的情况会经常发生，尤其到了大班，幼儿的奇思妙想更多、动手能力也增强了，不再局限于创新一些小制作、即兴编段小广告或改变一些小规则，他们会聚集在一起计划一些群体性的合作游戏，游戏内容、游戏材料、游戏规则、游戏中所有的一切都由他们控制，他们真正地成为游戏的主人。

大班幼儿在协作活动中体验自我存在，感受共同游戏的愉悦

大班幼儿的思维从形象性逐步向抽象化发展，他们的游戏中会出现一个主要角色和几个相关的社会角色的关系，他们逐步用语言和动作取代对材料的依赖。这时，幼儿的愉悦表现在他们渴望在游戏团队中实现自我，满足游戏中的需要从根本上说是满足自我实现的需要。

案例："游乐场"开张了

一早，君君带着早就在家里画好的标记来开"游乐场"了，这个想法很快得到了大家的支持，他邀请到两个好朋友——兴兴和涛涛，三人一起为新主题"游乐场"筹划起来，最终决定在"游乐场"里开出"打枪"、"碰碰车"和"转转杯"三个游戏角。涛涛拿出了自己的玩具枪说"游乐场里可以打枪"，君君搬出了主题区的玩具车说"碰碰车也准备好了"。兴兴很苦恼地说："转转杯怎么办？"三个人都安静了，各自寻找着合适的材料……老师正想介入，君君突然眼睛一亮，说："啊！用椅子吧！"

兴兴和涛涛马上行动起来，一边说："看！这样围成圆不就像转转杯了嘛！" 终于，新的游戏"游乐场"开张了。

大班的许多游戏完全由幼儿自主进行，他们会自己制定游戏计划——结伴、准备游戏材料、筹划游戏内容，出现了困难也能群策群力去解决。在这过程中，他们不会轻易求助于老师，而是群体合作去解决，并获得成功后的自信与满足，这是更深层的愉悦，也是孩子们在渐渐成长后所追求的快乐。

相对于小班，中大班幼儿对游戏的兴趣有了转变，他们比较突出的共性就是追求同伴的合作关系，而他们对游戏愉悦性的追求也呈现出不同的层次，这是教师需要去认识和理解的。

综上所述，小班幼儿喜欢独自摆弄材料，中班幼儿喜欢寻找玩伴、结伴游戏，大班幼儿热衷于开展团队游戏，满足自我实现的需要，我们清晰地看到游戏发展的脉络：从平行游戏、联合游戏到合作性游戏。这一连串的轨迹，是由儿童三至六岁期间身心发展过程的不同的阶段特点决定的。游戏既是儿童当下内在的发展需要，也是儿童乐趣所在。当我们真正了解了游戏对于儿童的意义，了解了不同年龄儿童在游戏中产生的愉悦的特点，我们就能努力为他们创设基于愉悦性的游戏环境，开展基于愉悦性的游戏指导，使游戏成为他们健康快乐发展的良好媒介。

说说角色游戏材料的那些事

杨立群

游戏环境是影响幼儿游戏行为最直接的因素之一，游戏水平和发展取决于游戏环境。任何材料只要被幼儿用来游戏，就变成了玩具，玩具特征直接影响着幼儿在游戏中的主动性、创造性、想象性，以及复合思维的发展。

游戏环境是幼儿游戏开展的基础。教师通过对游戏环境的创设、游戏材料的选择以及对空间的巧妙利用来间接指导游戏。角色游戏中材料的投放对游戏的进展起到了关键性的作用，能帮助幼儿在游戏中实现想象。幼儿通过与材料的互动，生发出许多已有的生活经验，这对推进游戏的发展起到了一定的作用。

 **提供适宜的游戏材料数量**

1. 小班：平行材料多、种类少

在小班角色游戏现场，经常可以看到幼儿或埋头于烧饭，或照顾娃娃，或不停地摆弄针筒或听诊器，反复动作，乐此不疲。而一旦脱离了这些材料，所有的游戏情节都会中断，人手一份材料摆弄是小班年龄幼儿的游戏常态。所以，应在小班投入大量的、逼真的平行游戏材料，来满足幼儿对材料的支配感。他们会通过摆弄和操作材料满足对物体的占有与控制，区分自我与他物，获得存在感与满足感。他们在反复动作中满足动作发展需要、巩固经验，获得游戏的快乐。

2. 中班：平行材料少、种类多

中班幼儿由于认知范围的扩大，游戏内容、情节比小班幼儿丰富多了。其游戏处于联合游戏阶段。他们想尝试所有的游戏主题。他们在游戏中有较强的角色意识，有了角色的归属感。同时中班幼儿的自主意识增强，表征思维有所发展，用与原型相似的替代物也能较好地表现装扮行为。因此，需要投放少量形象玩具和更多种类的非结构材料，这样更有利于游戏的开展。

3. 大班：低结构或无结构材料多

大班幼儿游戏相当丰富，他们在游戏中能主动反映多样的生活经验，能创新出不同的游戏主题，且主题新颖、内容丰富，能反映较为复杂的人际关系。他们在游戏中自己解决问题的能力也比中班幼儿强，游戏处于合作游戏阶段。

大班幼儿能离开眼前直观的玩具材料，根据自己的意愿和兴趣去寻找材料来表现主题和情节，在没有所需要的形象玩具时可以大量使用替代物来进行装扮。因此，要投放更多种类和数量的非结构性材料，更好地保证幼儿游戏的自主性和创造性。

提供适宜的游戏材料种类

1. 生活性材料

幼儿的游戏是建立在自己的生活经验上的。经验可以帮助幼儿提升游戏水平，提高游戏的兴趣。幼儿在再现的、真实的、贴近幼儿的生活的情景中，能产生游戏愿望，回忆起生活经验。因此要给幼儿提供贴近他们生活经验的游戏材料。这些材料是幼儿熟悉的，能引发幼儿的游戏行为。小班投放的主要是摆弄性材料，能满足幼儿摆弄的需要，大多数材料是个体经验的反映。中班，随着游戏情节展开、行为的丰富，材料开始有了意义，许多材料从幼儿的游戏情节与交往关系中生成出来，幼儿对交往性材料有了需求。而大班的年龄特点是合作性，大班幼儿在游戏中交往的范围更大，时常出现群体性交往，形成的角色间关系更复杂，经验范围和游戏生成余地也更大。

如角色游戏中的"小医院"主题中，中班在小班的基础上增加了压舌板、手电筒、验血玻璃片、盐水瓶和多种药水药片（三类），大班又添加了血压计、视力表、测量身高的材料、X光材料等，药水药片的种类也增加了（五种或更多）。

2. 操作性材料

给幼儿提供的材料必须具有操作性。例如，浴室的笼头可以旋转调节水温、生日蛋糕可以切开来食用、电视可以根据喜好来调节目内容……这些可操作性的材料激发了幼儿的游戏兴趣，提高了游戏的趣味性，使幼儿"发明"了更多的游戏情节，同时也发展了他们的动手能力和语言。

3. 动态性材料

幼儿的游戏是动态的、发展的，幼儿在每个游戏过程中都会有新的创意和想法，因此游戏材料也需要动态地不断调整。不同幼儿在游戏经验、游戏意愿等方面都存在着差异，游戏又是孩子自主选择的活动，若想使他们的选择性、创造性得到最大程度的满足，支持这种选择性、创造性活动的游戏材料就应该是开放、动态的。

（1）追随季节变化

季节性材料是指根据季节变化或节日作相应调整的材料，具有动态性的特点及明显的季节和节日特征。例如在角色游戏"超市"里，春天可以提供竹笋，夏天可以提供冰激凌、扇子、太阳镜，秋天可以提供苹果、橘子，冬天可以提供萝卜等。

（2）追随游戏情节变化

教师如果不依据幼儿的实际需要，盲目地提供游戏材料，往往会使效果适得其反。因此要注意观察幼儿在游戏中出现的新需要以及新情节，与幼儿共同改变、增添所需的游戏材料。

针对幼儿带来的游戏材料，可以请他们说一说材料的名称，一起讨论这个材料可以怎么用、给谁用、放在哪里合适。通过介绍活动使幼儿对每一件材料的名称和使用方法有较为全面的认识，有助于幼儿更好地使用这些材料。

4. 半成品材料（百宝箱）

以百宝箱的方式提供半成品材料，是材料开放性的另一种表现方式。百宝箱给了幼儿自主与环境互动、主动汲取信息的机会，幼儿面对可选择、可操作、可改变、可利用的各种材料，自然会产生主动利用、主动操作的行为。

教师应根据幼儿年龄特征、行为特点和游戏情况，思考在百宝箱中投放的材料的数量、时机和类型，材料过多容易形成干扰，材料过少则会限制幼儿的创造，若材料不变，则会阻碍游戏的发展。

一般来说，小班幼儿的游戏以情景模仿、重复操作为主，因此，百宝箱里的材料要相对逼真，使幼儿通过实物联系生活经验，引发游戏行为；同时材料也要相对充足，避免幼儿因争抢玩具影响游戏的开展。

中大班幼儿的游戏内容相对丰富，此时可多提供一些低结构材料以引发创造，少提供一些实物材料以减少模仿。

大班后期可取消百宝箱，引导幼儿从周围环境中选择取用材料，形成更开放的"材料资源观"。为了满足大班幼儿的多种需求，材料的种类要丰富。可以提供不同种类和颜色的纸，不同大小的盒子、瓶子，各种积木等，这些原始材料形态变化多，大班幼儿能根据自己的游戏需要进行想象组装。同时，也要提供能让幼儿创造性运用材料的场所。

听孩子话，和孩子玩
——基于愉悦的角色游戏指导策略

潘莉丽

角色游戏是幼儿玩得最多的一种游戏。它是一种集自由、兴趣、需要、快乐、满足于一体，以幼儿为主体的游戏。角色游戏符合幼儿的天性，且与他们快乐生活、健康成长有着密切的联系，在幼儿成长的过程中，有着极其重要的作用。角色游戏能有力地促进幼儿身心、动作、语言、认知、社会性以及情感的发展。

既然角色游戏是以幼儿为主体的游戏，那么，教师又该如何跟着幼儿一起玩角色游戏呢？在游戏中，教师能听懂每个幼儿的游戏语言吗？能尊重、理解每个幼儿的游戏行为吗？教师又该怎样与不同年龄、不同发展水平、不同性别的幼儿一同玩游戏呢？

我想，就在与幼儿的游戏中逐渐成为一个能听孩子话，看孩子玩；听孩子话，陪孩子玩；听孩子话，引孩子玩的教师吧！

听孩子话，看孩子玩

这里的"看"，实际是指教师对幼儿游戏时的一种观察。教师观察的方法大体分为随机观察和有目的观察。

随机观察的目的是了解幼儿游戏的行为、动机、需要、意愿、困难、情绪等，以便把握干预时机，既满足幼儿游戏的需要，又推进幼儿的游戏情节。

有目的观察有助于教师针对性地了解幼儿现有的游戏发展状况和个别差异，有目的地去看清幼儿在游戏中的行为，尝试看懂每个幼儿游戏行为中所隐藏的发展水平，理解不同发展水平的幼儿在游戏中的表现。

例如一位教师观察了三名幼儿使用同样一支红色水彩笔的情况，第一名幼儿用红色水彩笔画地图，第二名幼儿将红色水彩笔当成一支"红蜡烛"插在生日蛋糕上，第三名幼儿把红色水彩笔高举过头当做红绿灯的"红灯"。这三名幼儿虽然都运用了同一个游戏材料，但他们在游戏中针对游戏材料进行替代、想象的发展水平却是不一样的。

　　"听孩子话，看孩子玩"是教师指导幼儿角色游戏的基础，教师应通过随机观察与有目的观察看到幼儿的各种游戏行为，看懂每个孩子在角色游戏中身心、动作、语言、认知、社会情感、创造力等各项因素的发展水平，理解不同年龄、不同性别、不同发展水平的孩子的游戏行为，为捕捉契机去引孩子玩奠定一定的基础。

听孩子话，陪孩子玩

　　这里的"陪"可以理解为教师直接参与幼儿游戏，扮演游戏角色，成为幼儿游戏的合作伙伴。教师和幼儿的合作有时候更能让幼儿体验到游戏的快乐。

　　对于小班和中班上学期的幼儿来说，教师耐心的"陪"显得尤为重要，教师在"陪"中能了解与满足幼儿的游戏愿望，丰富他们的游戏行为，从而促进他们的游戏水平。

　　幼儿进入中班下学期和大班后，他们创造游戏环境、制作游戏材料、寻找游戏伙伴等的能力得到提高，教师在游戏中的"陪"对于幼儿来说就不那么重要了。这时，教师在游戏中的指导策略应该逐渐从"听孩子话，陪孩子玩"转向"听孩子话，引孩子玩"。

听孩子话，引孩子玩

　　如果教师在指导游戏的过程中，只让幼儿随心所欲地玩，那么幼儿就难以从游戏中获得教育给予他们的东西；如果教师只用教育的要求去束缚幼儿游戏，强迫幼儿在游戏中学这学那，游戏也就失去了本意。因此，最为适中的方法是教师既尊重幼儿的游戏愿望，发挥幼儿的主观能动性，又寓教于乐，发挥教师的主观能动性，即努力做到听孩子话，引孩子玩。

怎样"引"？什么时候"引"？这要求教师要灵活、机智地，以一种有效的、幼儿能够接受的方式介入幼儿的游戏，如教师以游戏角色的身份进入游戏进行引导，或在游戏前后的交流时间，以提建议的方式进行引导。

一次游戏中，有个中班孩子扮演超市经理，可游戏时间过了一半，却只有2个"顾客"去超市买了东西，他很不开心。这时老师上前以"顾客"的身份对他说："你们超市有买一送一的活动吗？我们顾客喜欢有买一送一的活动。"只见这个孩子马上从旁边的架子上拿了一罐巧克力饼干，然后说："你只要买一样东西，我就会送你一大块巧克力饼干。"老师买了一块小毛巾，并得到了一大块巧克力饼干。等老师离开后，他就使用了这"买一送一"的促销方法吸引到了更多"顾客"。游戏结束时，这个孩子非常高兴。

总而言之，无论教师如何和幼儿一起玩角色游戏，教师的行动都是建立在尊重幼儿游戏愿望、不随意干涉幼儿游戏行为的基础之上的，因为幼儿才是游戏中真正的"主人"。教师要做的是恰到好处地与幼儿一起游戏，使每个孩子都能在游戏中获得愉悦，在愉悦中得到成长。

我带小班孩子这样玩表演游戏

奚　岚

　　我园的表演游戏课程拓展了传统的表演游戏内容与方式，原来单一的故事表演发展为歌舞类、杂技类、戏剧类等多种表演，满足了不同幼儿的兴趣需求。

　　那么，在幼儿开展表演游戏的过程中，教师该怎么做，才能让幼儿在游戏中学会自主选择、合作游戏、创造性表演呢？下面让我们一起走进小班幼儿的表演游戏，看看教师是怎么带着幼儿一起玩的。

　　不同于大班幼儿，小班幼儿的角色意识不强、交往欲望较低、表演能力弱；他们常常以自我为中心，在表演时往往沉浸在自己的世界里，不与别人发生关系。动物模仿动作是小班幼儿喜欢的、熟悉的内容，如何创设游戏的情境让幼儿在玩中学习呢？

　　我们尝试以主题的形式开展游戏，为小班的幼儿创设了不同的主题情境游戏，如森林音乐会、玩具总动员、海底世界、汽车开来了等，提供了一定的配套头饰、胸饰、手饰和适合幼儿表演的不同风格的音乐，幼儿在不同的情境下，自主地选择自己喜欢的角色、道具进行装扮、模仿、创造表演。在游戏中幼儿充分欣赏音乐、感受音乐，用身体表现感受到的音乐，随着音乐的变化模仿动物的动作、表情、形态，积累了一定的表演经验。

　　在主题情境 "森林音乐会"中，我们提供了两种不同风格的音乐——轻快、活泼的和凶猛、紧张的。幼儿聆听了音乐后，在角色分配上有了分工，在轻松、活泼的音乐部分他们选择扮演兔子、小猫、小狗等温顺的动物；当凶猛、紧张的音乐出现时，他们会选择扮演狗熊、大灰狼、老虎等凶猛的动物。可见，小班年龄的幼儿对音乐的性质有了初步的辨别，通过欣赏音乐，他们可以想象、装扮、模仿各种不同的角色，使游戏更具有情节性。

　　对小年龄的幼儿来说，道具的提供很重要，不同道具除了能够激发幼儿的表演欲望和兴趣之外，还能够起到暗示、引发幼儿动作表演的作用。

　　在"森林舞会"的游戏中，几个女孩子背上了蝴蝶翅膀，有的挥动翅膀，有的转圈，大家都觉得今天的"蝴蝶"是最美的，跳舞跳得非常好看。正是蝴蝶翅膀的提供，给了幼儿美的暗示，从而引发了他们各种创造性的美的表现。

在"海底世界"的游戏中，孩子在手臂上套上贝壳道具，扮演起"小贝壳"来。"蕾蕾贝壳"一张一合，好像在吃东西；"真真贝壳"一会儿躲起来一会儿露出脑袋，大家说她是在捉迷藏；"卫昭璇贝壳"一直在挥动着两个壳，好像在游泳。夸张、色彩鲜艳的道具能够激发小班幼儿的表演欲望，形象化的道具能够引发幼儿的想象力、丰富幼儿的表演动作。

小班幼儿是以自我为中心的，他们在表演时往往沉浸在自己的世界里，不与别人发生关系，但是小班幼儿的很多行为也会受到情境的暗示，情境的创设能起到烘托、渲染气氛的作用，游戏的情境能激发幼儿生动有趣的创造性表演，让幼儿逐渐从单独的游戏行为转化成两两合作的游戏行为。

游戏的时候，一群"鳄鱼"围着一个大珊瑚不停地转圈。有的幼儿说他们在转圈跳舞，有的说他们在做游戏。霖霖说："我们肚子饿了，在吃珊瑚呢。"说完，其他"鳄鱼"都笑了，纷纷跟在"霖霖鳄鱼"后面一起觅食。

璇璇今天一开始游戏就戴上了小鸟头饰，在教室里边飞边舞，悦悦见了后戴上小兔头饰也随着音乐跳了起来。"小鸟"飞着飞着感到有些寂寞了，就来招惹"小兔"："你早，小兔"，"你早，小鸟"，"我们一起玩好吗？"于是，"小鸟"围着"小兔"飞，"小兔"追着"小鸟"跑……我高兴地说："你们找到朋友啦。""对，我们是好朋友。"整个游戏时间，"小鸟"一直和"小兔"玩。

宝宝兴奋地说："我今天玩得很开心，我跟螃蟹爸爸，还有螃蟹妈妈一起玩。"我惊讶地看着他，问："真的吗？那你是谁呀？""我是螃蟹宝宝呀。""哦，原来是螃蟹一家呀。"宝宝笑眯眯地点点头，回道："对的对的。"

在表演游戏中，教师到底应该做什么？可以多用情境性的语言对幼儿进行引导，发现和唤醒幼儿的表演欲望和能力。

例如，朱朱扮演乌龟，屁股随着音乐一扭一扭。我看见了马上说："哟，朱朱，小乌龟走路的样子真好看。"朱朱笑了，屁股扭得更加厉害了。游戏后交流分享的环节，朱朱一改以往胆怯扭捏的样子，大方地上台来表演起了自己的动作，大家都拍手叫好，朱朱被大家评选为今天的森林舞王。

当"凶猛"的音乐响起时，"小动物们"都躲了起来。这时，宝宝朝我招了招手，悄悄地说："奚老师奚老师，你来呀。"我顺势来到他旁边躲了起来。当"鳄鱼"朝我张大嘴巴的时候，我把头埋进了手里，宝宝也捂着嘴巴一声不吭。

　　我园努力使表演游戏遵循课程发展目标，尊重幼儿身心发展的规律，让幼儿在玩中体验到审美的经验，获得真善美的体验。我们进行情境的创设、情境性语言和道具的提供，作为同伴和幼儿一起玩，在这个过程中不断激励幼儿在游戏中超越自我，获得成长的快乐。

30 天新疆舞游戏带来的反思

周柱君

著名的教育学家陶行知先生曾说："所有的孩子都是伟大的天才。儿童是有天生的创造力的。"幼儿的学习以及表达方式是丰富而具有个性的，当他们处在宽松、自主、自发的愉悦情境中，他们的潜能就能得以充分的发挥。我园的表演游戏正是追求这样一种自由的境界，我们让幼儿以自主游戏的方式，感受艺术活动的快乐，创造性地表达、表现。在我看来，无关表演得是否专业，人人都享有充分发挥自己潜能的权利和机会。

以下是我班几个孩子自主编排与表演"新疆舞"的过程的实录片段，也实时反映了我在这个过程中的心路起伏、不断反思。

片段 1：每个人跳得不一样才好看

三个女孩子主动结伴组队，跳新疆舞。她们各跳各的，跳着自己心目中的新疆舞，有的拉着自己的裙子转圈，有的尝试转起了手腕，还有的满场绕飞。我问站在一边的琳琳："她们跳的新疆舞好看吗？"琳琳回答："好看呀，每个人跳得不一样才好看呢。"

无论是跳舞者还是观看者，似乎都兴高采烈，我一方面很欣慰，一方面又有些许担忧：这算是新疆舞吗？这样各跳各的，好看吗？我要不要介入指导呢？担忧过后，我决定等待，孩子们只是第一次玩，应该给予他们充分探索的机会。

片段 2：手腕转动的方向一致了

第二周，当新疆舞的音乐再次响起，几个女孩排成竖排，她们说自己正在采摘葡萄，边跳边互相提示。在一个女孩轻轻的口令声中，孩子们同时变化着转手腕的方向。

经过一周的游戏，孩子们开始尝试整齐划一地做动作了，我心中有些着急：她们统一转手腕的动作就花了整整一周的时间，是不是太慢了呢？可是在游戏后的交流分享环节，她们自编的这个新疆舞赢得了其他孩子的满堂彩，同伴们惊呆了，长时间地为她们鼓掌。有什么比孩子们自主愉悦地学习、体验成功成长更有价值呢？我们应避免用成人的审美标准来衡量孩子的游戏。

片段 3：如果有个新疆哥哥就好了

游戏后的交流分享环节，有位观众说："我觉得他们今天的表演很精彩，但是为什么没有新疆哥哥呢？如果有新疆哥哥就更好看了。"

其实这个想法在我心里已经很久了，好几次我都想直接向孩子们提出建议，可每每看见她们很认真地合作排练自己想出来的动作和队形，就一再提醒自己要关注孩子的感受与创造，让她们充分探索、表达，期待她们创造出精彩。正是在长时间的"等待"中，我才能发现孩子拥有的巨大学习潜能。

片段 4："新疆哥哥"的"胡子"哪里来？

第三周，硕硕、天宇、明明等好几个男孩加入到新疆舞小组，他们开始计划制作"新疆哥哥"的胡子，天宇求助于我，我告诉他，我也没有准备好的胡子。硕硕找到纸、笔，自己画起胡子，他一共做了五个，把一个胡子贴在自己脸上，其他的分给同伴，一群长着有趣胡子的"新疆哥哥"出现了。在这个过程中，有一名旁观者——明明，他长时间地看着同伴游戏，始终没有进入参与。

我没有直接给男孩们准备道具，我相信游戏能充分满足孩子们创造性表达表现的愿望，孩子有着强烈的学习动机和良好的学习品质，他们一定能自己解决这个问题。从实际来看，"等待"是值得的。遗憾的是，明明没有参与进来扮演"新疆哥哥"，虽然他也许有这个愿望，但因为羞怯没有去实现。

片段 5：自创的新疆舞

游戏进行到第 30 天，男孩、女孩有了更多的互动和合作，男孩贴上了新疆胡子，一边摸着胡子，一边耸着肩膀，得意地扮演着新疆哥哥，女孩和男孩分成两组轮流上场表演，像组合，也像比赛。

30 天的等待让我有了很大的收获，也给了我很多思考。在幼儿的自主表现中，教师是否要一味等待？如何激发幼儿的创造潜能？教师应何时介入，又如何实施指导呢？

在表演游戏中，成人是不是就不需要采取任何行动，而一味地等待幼儿自己发挥潜能呢？答案当然是否定的，因为儿童在游戏中往往不满足于已经达到的水平，他们总是以略高于日常生活的水平来尝试新的游戏行为。儿童有潜在的游戏愿望，但需要成人介入指导。那么到底给予孩子多少"指导"，又以什么方式给予呢？对待不同的孩子，给予的方式一样吗？我认为在游戏中，需要针对不同的幼儿，用不同的方式给予"介入与指导"，即把握好介入指导的"多与少"以及介入指导的"勤与疏"。

"介入指导的多"指的是给予幼儿尽可能多的情感支持，因为幼儿的各种表达源于自己的情感。特别是在艺术活动方面，儿童带有强烈的主观意识，会把自己的主观想象附加于客观物体之上，将没有生命、没有意识的东西视为有情感的存在。因此，对幼儿来说，情感始终是主要的，具有决定性的因素，驱动着幼儿发挥各种潜能。

"介入指导的少"指的是不要向幼儿提供过多的技能框架，更不要"包办替代"，因为幼儿只能通过实际操作、亲身体验、模仿、感知、探究而不断积累经验，才能逐步地建构自己的理解与认识。当然"少支持"不等于"零支持"。表演游戏，除了反映幼儿的生活经验，还反映出幼儿的艺术经验，高水平表演游戏的前提是教师通过多种途径为幼儿提供了艺术感受和欣赏的机会，激发出他们的表演兴趣，支持他们积累丰富的表演经验。所以，可以让幼儿感受各种形式的艺术榜样，借此激发出他们的表演兴趣与创造力。

"介入指导的疏"指的是针对一些能力强、兴趣高的幼儿，提供支持的节奏要缓、跨度要大，可以创设情境问题，也可以提高材料难度，然后让幼儿通过自己实际操作和亲身体验，探索解决问题的多种方式，进一步推动他们学习新经验。

"介入指导的勤"则与"疏"相反，是指向一些能力较弱、主动性不够的幼儿提供多频率、多层次的支持，让幼儿"小步递进"，帮助他们在过程中体验成功、获得情感满足，尽可能地挖掘出他们的潜能。那么像案例中明明这样的孩子可能就会发生不一样的情况。

幼儿对新疆舞的探索与表达，不仅让我发现了幼儿的潜能，触发了我对幼儿经验的再认识，更让我思考并形成了一些对其他类型活动一样具有参考意义的"支持性策略"。

幼儿好比幼苗，而我们就是那些护苗人，要给幼苗足够的空间，为他们搭建一点支架。幼苗们"形态各异"，但自由无限地生长着。为此，我努力着，期待着满园春色的到来。

教师在表演游戏中的作用：唤醒、发现、激励

谢　芬

《3—6 岁儿童学习与发展指南》指出：幼儿的学习是以直接经验为基础，在游戏和日常生活中进行的。要珍视游戏和生活的独特价值，创设丰富的教育环境，合理安排一日生活，最大限度地支持和满足幼儿通过直接感知、实际操作和亲身体验获取经验的需要，严禁"拔苗助长"式的超前教育和强化训练。

我们认为，幼儿艺术教育应在引导幼儿接触生活中的美好事物、丰富幼儿的感性经验和情感体验的基础上进行，在艺术活动过程中幼儿应有愉悦感和个性化的表现。教师要鼓励幼儿用自己的方式大胆自信地表演，理解并积极鼓励幼儿与众不同的表现方式。

那么，在表演游戏过程中，教师到底应该怎么做才能让孩子实现自主性、创造性的学习呢？教师参与游戏时的角色和地位、行为和态度直接影响着幼儿的游戏行为，因此，我们尝试以"唤醒、发现、激励"为教师的指导策略，努力在游戏指导中获取幼儿内在情感需要和教育发展目标的双实现。

让我们由一组案例走进孩子们的表演游戏。

案例 1：无师自通的新疆舞

新疆舞在幼儿园课程中是经常出现的内容，但是新疆舞特有的步伐和手腕动作难以在有限的音乐集体教学活动中统一习得，那是否能在表演游戏中让幼儿自主地学会呢？

几个女孩戴上新疆帽，随着新疆舞快乐奔放的音乐自发地做起了垫步和手腕转动的动作。琪琪和丽丽的垫步是相反的，我看到了，可为了舞蹈能够流畅表演，我没有

纠正，只是以欣赏的眼光看着孩子们的表演。

后来，我和女孩们一起跳起了新疆舞，琪琪、丽丽似乎发现了什么，看着我的动作调整着自己的步伐。明明换了个方向做手腕转动。我其实一直关注着孩子们，突然叫道："哇，你会变方向转。"其他孩子听见后，开始探索在不同方向上转动手腕的动作。

再后来，我在游戏区域张贴了很多新疆舞的照片，有一个人的，也有两人、三人的，孩子们一边欣赏着照片，一边模仿着摆起了照片中的造型。游戏结束后的分享环节，新出现的新疆舞双人造型得到了大家的一致好评。

几天后，我给孩子们看了一段新疆舞的视频，孩子们被舞蹈中丰富的动作与新颖的造型、队形吸引住了，看了一遍又一遍，一边看还一边舞动起来。

渐渐地，新疆舞出现各种队形，有链条型、圆形、三角形……月月突然说："我还看见过新疆弟弟和妹妹一起舞蹈。"我问："新疆弟弟是怎样的？""嘴巴上有胡子的。"于是，孩子们开始从百宝箱中寻找材料制作胡子……

我又找来哈密瓜、紫葡萄放在道具篮里，孩子们看到后用这些道具给舞蹈增加了很多情节，如新疆弟弟给妹妹发放紫葡萄，或者展示着手里的哈密瓜，又或者新疆妹妹围着弟弟载歌载舞……丰富的舞蹈内容、变幻多样的队形让新疆舞充满着新意。

要让舞蹈真正回归游戏化，让幼儿出于快乐的目的自主地参与其中并享受过程，因此舞蹈动作的对与错已经不那么重要，重要的是幼儿对舞蹈的热爱、热情，以及自发流畅的舞蹈表演带给他们的快乐体验，这才是教师要去呵护的。幼儿们在一次次反复的快乐体验中通过主动学习、相互模仿、自我调控、自主建构而获得舞蹈经验，这样的经验更丰富，也更具有发展的不可预测性。

孩子天生是艺术家，如果教师放开手，他们会送给你很多惊喜。让"一个"舞蹈变成"一百个"孩子的"一百个"舞蹈，这一切都源于教师的唤醒。要用音乐唤醒幼儿内心的音乐律动感，用游戏的情境唤醒幼儿创作的冲动，用丰富的视觉形象唤醒幼儿对美的表现形式的向往，用流畅舞蹈的自由感唤醒幼儿"天生是个舞蹈家"的梦想，用天天进步的自我感受唤醒幼儿的自我肯定，用通过表演得到认可的喜悦唤醒幼儿积极美好的情感体验。在这里没有动作的对与错，只有快乐、大胆、幸福的表演。

案例 2：创意纷呈的"花样滑板"

滑板是男孩们喜欢的运动项目，表演游戏中有孩子提出要玩滑板，可是表演游戏不光要具有游戏性，还要具有表演性，花样滑板能被孩子们玩出什么花样呢？

　　天天、多多等四个男孩玩起了滑板车，我给了他们几段音乐让他们选择，他们选了一段运动感很强的音乐后就自己玩了起来，因为有了音乐的伴奏，他们的动作似乎更精神了。

　　天天趴在滑板上张开双手、伸直腿，我惊喜地叫起来："哇，变成小飞机啦。""老师，我也会变小飞机。"其他孩子马上回答。四架"小飞机"起飞啦，我又惊喜地说道："你们会排队直线飞啦。"天天索性叫起了口令"直线飞"、"圆圈"、"对穿"，"小飞机"依据他的指令改变着行进路线。在游戏后的交流分享环节，"小飞机"新颖的动作和变化的队形得到了其他孩子们的赞许。

　　自从用滑板车变出了"小飞机"，四个孩子对"变"产生了浓厚的兴趣。天天趴在滑板车上打起了转转，多多坐在滑板车上张开双手，用脚推着前进。我问："哇，又变出什么啦？""电风扇"、"吸尘器"，孩子们纷纷回答。在这天的交流分享环节，我让其他孩子来猜猜他们表演的是什么，结果孩子们又有了更多奇思妙想，原来创意是会"传染"的。

　　哈利和成成手拉着手试图转动起来，我说："两人手拉手转，好难的，真了不起。"没一会儿，我听见了哈利和成成的笑声，两人还大声说："大风车转起来喽！"游戏后的交流分享环节中，其他孩子都给这个合作表演点了"赞"。

　　因为有了两人合作的经验，这天滑板组开始了四人合作的探索，只见四人成排坐在滑板车上，双手搭在前面一人的肩上，双脚在地上推着前进，就像一条毛毛虫在爬行。四人组合忽大忽小，有时还会变形，我也只是在旁边不停地发现、欣赏着孩子的创意造型。

　　这天，滑板组出现了争执，天天想先表演"小飞机"，多多想做"吸尘器"，哈利想做"风扇"，他们求助式地看着我，我问了一句"你们还能一起玩吗？"没想到四个人一起对我回答"能"，然后又玩了起来。我发现他们想出了一个好办法：四个人轮流出场，分别按自己喜欢的内容进行表演。一场争执引出了富有创意的出场形式，孩子们解决问题的能力也得到了提高。

　　如今的滑板组已经能玩出十多种花样：小飞机、吸尘器、毛毛虫、小花蛇、大风车……这些都来自于孩子们自己的创意。

　　玩是人生的根本需要之一，但在表演游戏中要玩得有技术，玩得有艺术。

苏霍姆林斯基指出，在人的心灵深处都有一种根深蒂固的需求，就是希望自己是一个探究者，而在儿童的精神世界里，这种需求特别强烈。小小的滑板车何以在幼儿手中花样百出，这一切都源于教师的发现与欣赏。要用发现唤醒幼儿创造的欲望，用发现使幼儿的无意行为变成有意创造，用发现唤起幼儿的奇思妙想，用发现唤起幼儿的合作意识，用发现找到最有效的教育契机，用发现点燃幼儿成功的火焰。

　　"教孩子玩"会使幼儿的游戏变成教师的游戏，变成教师导演的一出戏，导致教师为游戏而游戏，幼儿却为教师而游戏的现象。"教孩子玩"时，教师会因为追求外在的美好而忽视幼儿内在的幸福，这对游戏中的幼儿是一种干扰，是负效介入。那么，如何让自主性游戏变成幼儿有效的学习呢？教师不能只看见自己预设的学习效果，也要发现和捕捉幼儿自发游戏中的学习因素。教师参与的策略的核心是引导幼儿试着自己解决问题，如在游戏中抛出能启发幼儿思维的问题，为幼儿提供多样化的游戏材料鼓励其探索，帮助幼儿出谋划策，营造平等的讨论氛围，如有困惑、碰撞共寻解决之道等。

　　幼儿的创造性应被充分地重视。在幼儿的学习过程中教师的"放"意味着对孩子的信任与尊重，幼儿能从中获得创作的灵感与勇气，教师"放"多少，幼儿就能表现出多少创造性。

结语

　　我于 2013 年 3 月来到上海市虹口区第三中心幼儿园，那里充盈着游戏氛围，有一批崇尚游戏精神的教师。我的前任秦若于园长对游戏有着深沉的情感和独特的见解，专注研究十余年，为幼儿园的游戏研究打下了坚实的基础，给了我学习与成长的丰厚土壤。这本书是我们幼儿园整个团队共同实践的积累，也是对前人研究的回馈。

　　我们的研究是快乐的，也是艰难的，尤其在对"幼儿园表演游戏"进行重新定位和拓展性实践时，完全是"摸着石子过河"，心中忐忑不安。在这个过程中，有幸得到多方专家、领导、前辈的鼓励和指导，如全国著名游戏专家华爱华教授、上海市教委教研室幼特教部徐则民主任、《上海托幼》主编黄铮老师、华东师范大学施燕教授、朱怡华教授等，都先后专程来园指导，帮助我们进行诊断，开启茅塞；虹口区科研室邵冀顺主任、金燕老师多次来园进行项目指导，提出了很多关键性意见；虹口区教育学院学前教研室崔岚、金予茵、许玭等三位老师全程关注，经常来我园参与研讨、给予指导。在案例成集出版之际，衷心感谢这些专家老师们的真知灼见、倾情相助。

　　本书收录的 30 则案例由我们幼儿园两年前的教师团队筛选、撰写的，每一位教师都在这里留下了自己的印迹，部分案例由入职一、二年的新教师所作，我希望这样的参与会成为她们不断进取的助推器，为她们的职业生涯开一个好头。案例后的"感悟与反思"由团队中一些较有经验的教师根据案例亲历教师的思考进行整理，她们在这本书的编写中付出了大量心血。感谢这个团队中的每一个人，她们信仰游戏、坚守情怀，保障全体幼儿充分游戏的权利。

　　这本案例集表达了我们对幼儿游戏及其指导策略的阶段性认识和领悟，其见识仍然是浅薄的，30 则案例也远不能周全幼儿游戏的百态，仅仅涉及一二。但是，我们希望借此抛砖引玉，以书交友，与有志同仁一起探讨、切磋，共同破解教师开展游戏指导的难题。

　　感谢每一位开卷者，渴望与您同行！

黄丽萍

2018 年初秋

图书在版编目（CIP）数据

孩子的游戏百态：图解幼儿园自主性游戏指导的进与退 / 黄丽萍编著 . 一 上海：
华东师范大学出版社，2018

ISBN 978-7-5675-7186-0

Ⅰ.①孩… Ⅱ.①黄… Ⅲ.①游戏课－学前教育－教学参考资料 Ⅳ.① G613.7

中国版本图书馆 CIP 数据核字 (2018) 第 143246 号

编　著　黄丽萍
责任编辑　沈　岚
责任校对　张多多
版式设计　沈　迪　卢晓红
封面设计　卢晓红

出版发行　华东师范大学出版社
社　　址　上海市中山北路 3663 号　邮编　200062
网　　址　www.ecnupress.com.cn
电　　话　021-60821666　行政传真　021-62572105
客服电话　021-62865537
门市（邮购）电话　021-62869887
地　　址　上海市中山北路 3663 号华东师范大学校内先锋路口
网　　店　http://hdsdcbs.tmall.com

印 刷 者　上海盛通时代印刷有限公司
开　　本　787 毫米 ×1092 毫米　1/16
印　　张　11.25
字　　数　218 千字
版　　次　2018 年 11 月第 1 版
印　　次　2024 年 4 月第 5 次
书　　号　ISBN 978-7-5675-7186-0/G·10784
定　　价　49.00 元

出 版 人　王　焰